KB272888

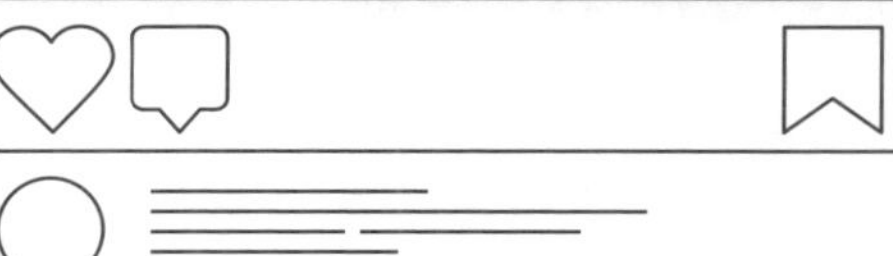

인스타그램은 왜 공짜일까?

인스타그램은 왜 공짜일까?

이완배

지음

마음을 사로잡고 경제를 움직이는 마케팅의 비밀

북트리거

소비의 시대를 살아가는 너에게

"두쫀쿠 먹어 보셨어요?"

2026년 초 한 방송에 출연했을 때 진행자가 나에게 던진 질문이었다. 그때는 '두쫀쿠'가 너무 인기라 구하기도 힘들었다.

"먹어 봤다"고 말하자 진행자가 놀라는 표정으로('네가 그걸 먹어 봤다고?') "마케팅에 잘 안 휘둘릴 것 같은 분이 그건 또 어떻게 먹어 보셨어요?"라고 되물었다. 물론 나는 냉장고에 들어 있는 어떤 쿠키를 두쫀쿠인지도 모른 채 먹은 것이었다. 이후 그 두쫀쿠를 어렵게 구해 냉장고에 넣어 뒀던 딸에게 장장 두 시간 동안 욕도 함께 먹었다.

진행자가 나에게 하고 싶었던 질문은 "유행을 타며 비싸게 팔려 나가는 상품을 구매하는 것이 옳으냐? 마케팅에 속는 것 아니냐?"라는 것이었다. 나는 "속고 안 속고 문제를 떠나, 크게 무리가 되지 않는다면 유행하는 것은 한 번쯤 해 보는 것이 좋다”고 답했다.

그렇게 답한 이유가 있다. 나는 유행이란 곧 상술이라고 생각한다. 유행을 만들려는 필사적인 마케팅 또한 소비자를 속이려는 전형적인 상술이다. 패션만 해도 슬림핏이 유행했다가 오버핏이 유행했다가 다시 슬림핏이 유행한다. 남자 양복 재킷도 투버튼이 유행했다가 쓰리버튼이 유행했다가 다시 투버튼이 유행하고 말이다. 나는 도대체 남자 양복에 단추가 몇 개 달렸는지가 왜 그렇게 중요한지 이해하지 못하는 사람이지만, 아무튼 유행이 그렇게 바뀌면 사람들은 새 양복을 구매해야 한다. 이건 실용적인 소비가 아니라 낭비적 소비다. 양복을 더 많이 팔려는 의류업체의 얄팍한 상술에 넘어간 것이다.

음식도 마찬가지다. 한때 대왕카스텔라가 유행했다가, 버블티가 유행했다가, 탕후루가 유행했다가, 두쫀쿠가 유행한다. 이건 단지 소비자들의 취향 변화 때문에 벌어진 일이 아니다. 유행을 바꿔 가며 소비자를 유혹하는 마케팅의 상술 탓이다.

최근 마케팅과 트렌드를 주도하는 곳은 온라인 플랫폼이다. 유튜브나 인스타그램 등 플랫폼에서 유통되는 동영상으로 마케팅이 이뤄지다 보니 새로 유행하는 음식은 전부 시청각적으로 독특하다는 특징을 갖는다. 탕후루는 미식의 유행이 아니라 영상의 유행이었다. 원색의 과일 위에 코팅된 설탕은 바사삭 깨지며 시각과 청각을 동시에 만족시킨다. 두쫀쿠는 반으로 갈라서 먹어야 제맛인데 가르

면 쫀득한 마시멜로 안에 바삭한 필링이 가득하다.

이렇게 소비자의 모든 감각을 자극해서 내게 꼭 필요하지 않은 것들도 갖고 싶어지도록 유혹하는 기술이다 보니, 마케팅은 때로 속임수처럼 작동한다. 마케팅에 넘어가고 난 뒤에 소비자는 필요 없는 지출이 늘어 후회에 직면하곤 한다.

그런데도 나는 사람들에게 "유행에 저항하려 너무 애쓰지 말라"고 조언한다. "마케팅은 속임수이자 상술이라면서 왜 거기에 저항하지 말라는 거냐?"라고 반문한다면 내 대답은 "그 저항이 너무 어렵기 때문이다."라는 것이다.

행동경제학과 심리학에서는 이 문제를 '자아 고갈 이론'으로 설명하기도 한다. 자아 고갈 이론이란 사람이 무언가를 인내할 때, 물리적인 에너지가 필요하다는 개념이다. 우리는 육체적 행동을 할 때 에너지가 필요하다는 사실을 이미 알고 있다. 그런데 이 이론에 따르면 인간은 운동이 아니라 정신적인 인내력을 발휘할 때에도 매우 큰 에너지를 소모한다.

다이어트 결심이 밤 10시 이후 와르르 무너지는 이유도 여기에 있다. 에너지가 충만한 아침에는 다이어트 계획을 당연히 잘 지킨다. 그런데 먹고 싶은 것을 참는 인내력을 발휘할수록 몸에 축적된 에너지는 점점 고갈된다. 그러다가 밤 10시가 지나고 인내력 에너지가 거의 바닥났을 때 머릿속에 달콤한 디저트가 떠오르면? '에이, 모르겠다. 다이어트는 내일부터 하지 뭐!'라는 생각이 정신을 지배하고 초코케이크를 입에 쑤셔 넣게 된다.

그래서 자아 고갈 이론을 처음 발표한 플로리다주립대학교 심리학과 교수 로이 바우마이스터Roy Baumeister는 인내력을 연료에 비유한다. 더 많이 사용할수록 더 빨리 바닥을 드러낸다는 의미에서다.

휴대폰만 켜도, 길거리만 걸어도 온통 유행하는 상품의 마케팅이 우리의 눈과 귀를 사로잡는 시대다. 그렇게 현란한 자극들에 노출된 상태로 소비를 참는 일은 절대 쉽지 않다. 참고, 참고, 또 참다 보면 언젠가 연료는 고갈된다. 그래서 때로는 결국 '에라, 모르겠다!' 하는 심정으로 생각보다 더 많은 돈을 덜컥 써 버리게 되기도 한다. '행동경제학의 아버지'로 불리는 경제학자 대니얼 카너먼Daniel Kahneman이 "사람이 살다 보면 맛있는 음식을 먹으라거나, 멋진 옷을 입으라는 유혹이 넘쳐 난다. 가난한 사람들은 그 유혹을 계속해서 참아야 한다. 하지만 참는 상황이 계속 반복되면 사람들의 뇌는 많은 수고를 하고, 수고가 반복될수록 의지력은 소진된다."라고 지적한 이유다.

이와 같은 맥락에서, 너무 참기만 하지는 말고 적정선에서 유행하는 상품을 한 번씩 구매해 보라는 것이다. 단, 여기에는 조건이 있다. 마케팅에 속아 과도한 소비에 빠지지 않기 위해서는 인내력을 담는 '연료통' 자체를 크게 확장해야 한다. 물론 이건 단번에 되는 일이 절대 아니고 천천히, 오랜 기간 동안 훈련해야 가능한 일이다. 마치 운동을 열심히 하면 근육이 커지는 것처럼, 오랜 훈련을 통해

인내심을 조금씩 늘려 나가는 것이다. 그리고 이 인내심을 늘리는 좋은 방법 중 하나가 바로 인내의 이유를 알아 가는 것이다. 우리가 마케팅에 대해 이해해야 하는 것이 그래서다.

인스타그램으로 친구들의 소식과 유머 게시물들을 구경하다가 갑자기 뜬 광고 상품에 충동구매 욕구가 샘솟는다면? 그냥 참으려 하면 인내의 연료를 많이 소모해야 한다. 하지만 '아하, 인스타그램이 나와 같은 일반 이용자들에게 요금을 부과하지 않는 건 이런 광고들을 통해 수익을 얻고 있기 때문이구나.'라고 생각할 수 있다면 인내의 목표와 가치가 납득되고, 그 인내가 고통스럽지 않고 흥미롭게 다가온다.

사람의 행동을 바꾸고 시장에서 가치를 만들어 내는 기업의 전략을 파악하는 일은 곧 사람의 마음이 어떻게 움직이는지를 이해하는 일과 같다. 인간 심리의 작동 방식을 탐구하다 보면 일상 속 광고와 소비자의 선택이 전혀 다른 시각으로 보이기 시작한다. 부디 이 책이 합리적 소비를 위한 독자 여러분의 인내를 흥미롭고 즐거운 일로 바꾸어 주는 작은 이정표가 되기를 진심으로 소망한다.

2026년 봄

이완배

3부.
내일의 마케팅
변하는 것과 변하지 않는 것

1부.

차별화

남다르게 접근하라

유통업계의 패권을 건 쿠팡과 알리의 정면 대결?

주유소와 충전소의 차이

액화석유가스라는 것이 있다. 주로 LPG^{liquefied petroleum gas}라고 부른다. 말 그대로 가스에 압력을 가해서 액체로 만든 것이다. 액체이기 때문에 통에 넣어서 운반할 수 있고, 자동차 연료로도 종종 쓰인다.

오늘날 차도를 가득 메운 승용차들 중 대다수가 휘발유, 경유, 혹은 LPG를 사용한다. 물론 요즘은 전기차가 본격적으로 보급되고 있고 수소차도 있다. 하지만 아직은 기름이나 LPG를 연료로 삼는 차량이 대부분이다. 그중에서도 기름을 사용하는 차의 비중이 압도적으로 높다.

LPG는 휘발유나 경유보다 가격이 싸다. 그런데도 기름을 연료로 하는 차에 비해 인기가 떨어지는 이유는 몇 가지 단점이 있기 때문이다. 가장 뚜렷한 단점은 충전소 숫자가 적다는 것이다. 기름을 넣는 곳을 주유소, LPG를 넣는 곳은 충전소라고 부른다. 주유소 수는 전국적으로 1만 개를 넘는데 충전소 수는 2,000개 정도에 불과하다.

차를 몰다가 연료가 바닥이 났는데 주위에 연료를 채울 곳이 없다면 엄청난 낭패를 겪는다. 기름을 연료로 하는 차의 경우 곳곳에 있는 주유소 덕에 이런 낭패를 겪을 가능성이 작다. 하지만 LPG차량은 다르다. 방심하다가 연료가 떨어져도 주위에 충전소가 없는 경우가 허다하다.

이 정도 상식을 갖추고 나서, 도로를 달릴 때 주위를 관찰해 보자. 주유소는 자주 보일 테고 충전소는 좀처럼 발견하기 어려울 것이다. 그런데 관찰력이 뛰어난 사람이라면 이것 외에 또 다른 흥미로운 사실을 찾아낼 수도 있다. 주유소 브랜드는 GS칼텍스, HD현대오일뱅크, S-OIL, SK에너지 등으로 꽤 다양한 데 비해서 LPG 충전소 브랜드는 SK가스의 비율이 유독 높다. 실제로도 국내 충전소 중 3분의 1이 SK의 간판을 달고 있고, 2위인 E1을 합하면 두 브랜드가 국내 전체 충전소의 절반 가량을 차지한다.

왜 이런 차이가 생길까? 이유는 간단하다. E1과 SK가스가 선두주자로서 유통 및 저장 시설을 확보해 우리나라 LPG 수입량의 대부

주유소 사업에 비해 높은 진입 장벽으로 일부 업체가 압도적 점유율을
보이는 LPG 충전소 시장

분을 틀어줬었기 때문이다. 그래서 신규 브랜드가 충전소 시장에 진입하기는 매우 어렵다. 물론 LPG 충전소를 운영하는 기업은 더 있지만 충전소 수와 판매량 모두 E1과 SK에 비하면 크게 뒤처진다.

그뿐 아니라 LPG 충전소의 설치 조건이 주유소보다 훨씬 까다롭다는 점 역시 크게 작용한다. 주유소는 그냥 아파트 근처에도 지을 수 있지만, LPG 가스는 폭발 위험이 있어 설립 허가가 잘 안 난다. 설혹 허가가 나도 인근 주민들의 반대가 극심하다. 이런 장애물을 넘어서, 더군다나 두 선두 기업이 이미 차지한 구역을 피해 충전소를 늘린다는 건 정말 어려운 일이다.

미샤와 더페이스샵의 차이

경제학에서는 이런 현상을 진입 장벽의 힘 덕분이라고 설명한다. 진입 장벽은 영어로 'Barriers to Entry'라고 적는다. 어떤 산업에 진입entry하려고 할 때 진입을 어렵게 만드는 장벽barrier이 존재한다는 뜻이다. 이런 장벽이 있으면 새로운 경쟁자들이 생길 가능성이 작다. E1, SK가스와 같은 기존 업체들이 압도적으로 유리할 수밖에 없다.

그렇다면 이런 경우는 어떨까? '미샤'라는 화장품 회사가 있다. 2000년대 초반까지 저가 화장품을 앞세워 화장품 시장에 돌풍을 일으킨 회사다. 그 당시 미샤는 "화장품이 비쌀 이유가 없다."라는 슬로건을 앞세워 이른바 '3,300원 혁명'을 주도했다. 주요 제품 가격이 고작 3,300원이었던 것이다.

백화점에서 수만 원짜리 화장품을 소비하던 소비자들에게 이는 가히 혁명이라 할 만한 변화였다. 미샤는 삽시간에 저가 화장품 시장을 장악했다. 2005년에 조선일보 우병현 기자는 『미샤 3,300원의 신화』라는 책을 쓰고 "우리나라 화장품 업계의 역사는 미샤 이전과 이후로 구분된다."라고 단언하기도 했다.

그런데 미샤의 신화는 너무나 빨리 신기루처럼 사라졌다. 미샤가 폭발적 인기를 끌자 더페이스샵, 에뛰드, 이니스프리 등 비슷한 콘셉트의 브랜드가 속속 들어섰기 때문이다. 남들도 자기처럼 화장품을 싸게 팔겠다는데 미샤가 무슨 수로 그걸 막을까? '싸게 파는

건 우리만의 독창적 기술이니 따라 하지 마세요.'라고 주장할 수 없는 노릇 아닌가?

이게 바로 진입 장벽이 낮은 산업의 숙명이다. LPG 충전소를 짓기는 매우 어렵지만 저가 화장품점을 열기는 매우 쉽다. 허가를 받아야 하는 일도 아니고 주민들의 반대가 있는 것도 아니기 때문이다. 그래서 진입 장벽이 낮은 시장에서는 1위로 오래 버티기가 어렵다. 새로운 경쟁자가 늘 등장하는 탓이다.

쿠팡의 독주와 진입 장벽

나는 '우리나라 화장품 시장의 역사는 미샤 등장 전후로 나뉜다.'라는 과장된 평가에 동의하기 어렵다. 돌풍이 너무 짧게 끝난 미샤는 그 정도로 큰 영향력을 끼치지 못했다.

그런데 유통시장은 좀 다르다. 나는 "우리나라의 유통시장은 쿠팡의 등장 전후로 나뉜다."라고 감히 이야기할 수 있다. 그만큼 쿠팡의 영향력이 엄청났다. 쿠팡의 유료 멤버십인 '와우' 가입자는 무려 1,500만 명에 달하는 것으로 추산된다. 그들은 쿠팡에서 '로켓배송'에만 해당되면 아무리 싼 제품을 시켜도 주문 당일 혹은 바로 다음 날까지 무료 배송이라는, 이전까지 상상도 하기 어려웠던 서비스를 누린다.

더 놀라운 것은 신선 식품까지 쿠팡에서 구매할 수 있다는 점이

가정집은 물론 각종 요식업 매장들도
문 앞에는 어김없이 쿠팡 배송 박스가 놓여 있다.

다. 이것조차 주문하면 하루 만에 온다. 온라인에서는 공산품을, 마트에서는 신선 식품을 구매하는 게 상식이었던 소비 패턴이 완전히 바뀐 것이다.

어떻게 이런 일이 가능했을까? 쿠팡이 전국에 신선 식품을 보관하는 물류 창고를 대거 지었기 때문이다. 2014년 로켓배송을 시작한 쿠팡은 이후 전국 30개 지역에 100여 곳 이상의 물류 센터를 만들었다. 여기에 신선 식품 등 소비자들이 자주 찾는 상품을 쌓아 둔다. 소비자가 물건을 주문하면 가장 가까운 센터에서 신선 식품을 즉시 배송한다.

문제는 후발 업체들이 이걸 따라 하기가 상당히 까다롭다는 데 있다. 쿠팡은 100여 곳이 넘는 물류 센터를 만들기 위해 무려 6조 원을 넘게 투자했다. 이 물류 센터가 엄청난 진입 장벽 역할을 한다. 물류 센터라는 것이 화장품점처럼 쉽게 지을 수 있는 규모가 아닌 탓이다. 쿠팡이 온라인 쇼핑 분야에서 독보적 선두를 달리는 이유다.

그런데 2023년 중국 온라인 쇼핑 업체 알리익스프레스(이하 알리)가 쿠팡이 쌓은 아성을 흔들기 시작했다. 알리의 최대 강점은 단연 중국에서 만든 초저가의 상품이다. 쿠팡이 로켓배송으로 시장을 장악했다면, 알리는 상상을 초월하는 저가 상품으로 승부수를 던졌다.

진입 장벽을 우회하다

쿠팡의 전략은 명백했다. 2021년 쿠팡은 가수 비를 10년 만에 모델로 재발탁했다. 비는 광고에서 말했다.

"나는 비가 싫다. 쓸데없는 비, 불필요한 비, 마지막에 추가되는 비, 배송비가 사라진다."

전국 100여 곳의 물류 센터를 토대로 배송비를 없앤다. 배송 속도는 압도적으로 빠르다. 쿠팡 이외에 누가 이 일을 해낼 수 있단 말인가? 알리는 이 분야에서 쿠팡과 정면 승부를 벌이면 승산이 없다는 사실을 알았다. 그래서 알리는 한국 시장에 진입할 때 배우 마동석을 앞세우며 다른 전략을 펼쳤다.

그 당시 소비자들 사이에서 해외 직구는 '주문이 어렵다', '반품이 힘들다', '언어가 다르니 민원이 잘 처리되지 않는다'는 등 인식이 그리 좋지 않았다. 그런데 2023년부터 중국에서 흥미로운 밈^meme이 등장했다. 소비자들이 온라인에서 뭔가를 주문할 때 자기 프로필에 배우 마동석의 사진을 걸어 놓으면 배송 및 민원 처리 서비스의 질이 압도적으로 좋아진다는 것이다. 실제 한 중국 누리꾼은 "프로필 사진을 류이페이劉亦菲(중국계 미국인 여배우)로 걸어 놓았을 때는 내 요구를 무시하더니, 마동석으로 바꾸니까 단 두 문장으로 몇 분 만에 문제가 해결되었다."라는 소감을 올리기도 했다. 아무렴, 부드럽고 밝은 인상의 류이페이보다 마동석이 무섭긴 하겠지! 오죽했으면 중국 유명 남배우인 리셴李現도 자신의 게임 프로필 사진을 마동석으로 바꿨다고 털어놓았을까?

알리가 우리나라에 진출한 것은 2018년이지만, 본격적으로 확장한 때는 2023년 3월이다. 그전에도 국내 누리꾼들이 알리를 이용하긴 했으나 중국으로부터 물건을 시키는 것이기에 배송도 느리고 민원 처리도 쉽지 않았다. 그런데 한국의 한 소비자가 "마동석 사진을 프로필에 걸어 두면 알리의 배송이 빨라지고 판매자와의 소통도 원활해진다."라는 경험담을 공유했다.

알리가 한국에 본격 진출하면서 마동석을 모델로 발탁한 이유가 이것이다. 고정관념과 달리 알리를 이용하면 반품도 쉽고, 의사소통도 문제없으며, 엄청나게 싼 제품을 편하게 살 수 있다는 점을 강조

2023년 이후 활발한 마케팅으로 입지를 넓혀 가고 있는
온라인 유통업체 알리익스프레스

한 것이다. 어차피 빠른 배송으로는 쿠팡을 이길 수 없으니 진입 장벽을 회피한 우회로를 찾은 셈이다. 이런 알리의 1차 승부수는 일단 통했다. 알리는 한국에서 2023년과 2024년 가장 빠른 속도로 성장한 온라인 유통업체였다.

하지만 이는 전초전에 불과했다. 알리가 쿠팡과의 정면 승부를 피하면서 둘은 아직 제대로 맞붙지 않았다. 그리고 알리는 승부를 이대로 끝낼 생각이 없어 보인다. 알리의 모회사인 알리바바그룹이 2024년 3월, 한국에 물류 센터를 짓겠다고 선언한 것이다. 쿠팡의 진입 장벽에 정면으로 도전하겠다는 이야기다.

이를 위해 알리는 2024년부터 3년 동안 한국에 11억 달러(당시 기준 약 1조 5,000억 원)를 쏟아붓겠다고 공언했다. 해외 직구가 아니라 한국에 물건을 쌓아 두고 배송 속도로도 쿠팡과 맞붙겠다는 의지다. 당연히 이를 그냥 두고 볼 쿠팡이 아니다. 쿠팡 역시 같은 해 3월 "2027년까지 추가로 물류 센터를 만드는 데 3조 원을 투자하겠다."라고 맞불을 놓았다.

'빠른 무료 배송이냐, 느리지만 싼 해외 직구냐'로 경쟁하던 쿠팡과 알리가 마침내 정면 대결 국면에 들어섰다. 그러면서 쿠팡을 추격하는 알리의 마케팅 역시 변화하고 있다. 알리는 기존처럼 '해외 직구의 장점'에 더해 '누구나의 쇼핑 취향을 만족시킬 수 있는 플랫폼'이라는 콘셉트를 들고나왔다. 이에 맞서 쿠팡은 어떤 전략을 다시 내세우고, 또 어떤 캐치프레이즈로 소비자를 유혹할까? 이것이 쿠팡과 알리의 대전을 지켜보는 관전 포인트다.

Check Point

진입 장벽

어떤 산업에 새로 진입할 때 필요한 비용이나 갖추어야 할 조건. LPG 충전소 사업이나 물류업 등은 진입 장벽이 매우 높아 후발 업체에 불리하다.

Chapter 2

펩시 챌린지, 펩시가 코카콜라를 도발하는 방법

대표성 휴리스틱

투명한 콜라, 시퍼런 콜라

1992년 콜라 시장의 만년 이인자 펩시Pepsi가 파격적인 제품을 들고 나왔다. '투명 펩시'가 바로 그 주인공이다. '투명한 콜라를 만들 수 있다고?'라며 깜짝 놀라는 독자도 있을 줄로 안다. 그런데 진짜로 펩시는 투명한 콜라를 출시했다. 실로 파격적인 그 콜라의 이름은 '크리스탈 펩시Crystal Pepsi'. 페트병에 담긴 이 콜라는 말 그대로 물처럼 투명했다.

어떻게 이런 일이 가능했을까? 사실 이건 매우 간단한 일이었다.

콜라는 코카나무의 잎과 콜라나무 열매에서 추출한 원액에 설탕과 캐러멜 색소, 탄산과 향료를 섞어 만든 음료다. 여기서 검은색을 띠는 것은 캐러멜 색소뿐이다. 그런데 이 색소는 우리가 아는 '먹는 캐러멜'과 다르다. 별다른 맛이나 향이 없고, 풍미가 아니라 짙은 색을 내는 것이 목적이다.

맛도 없고 시커멓기만 한 색소를 어디다 쓸까 싶은데 의외로 많이 사용된다. 간장이나 흑맥주, 캔 커피 등 검은색이 필수적인 음식에 종종 들어간다. 콜라가 검은색인 이유도 바로 이것이다. 콜라의 주원료인 코카나무 잎도, 콜라나무 열매도 검은색과 아무 상관이 없다. 즉 시커먼 콜라에서 별맛이 없는 캐러멜 색소만 제거하면 대번에 투명해진다. 그런데도 코카콜라나 펩시가 오랫동안 콜라의 검은색을 유지한 이유는 소비자들 사이에 '콜라는 검다'는 이미지가 너무 확고하게 자리 잡았기 때문이다.

펩시는 이 고정관념을 깨겠다고 나섰다. 크리스탈 펩시가 출시됐던 1990년대 미국에서는 '클린clean' 혹은 '라이트light' 같은 건강한 이미지의 제품들이 큰 인기를 끄는 중이었다. 펩시는 생각했다. '투명하면 깨끗해 보이고, 깨끗해 보이면 건강해 보이겠지?'

하지만 그것은 착각이었고, 착각은 '역대급' 실패로 이어졌다. "모습은 사이다인데 맛은 콜라다.", "색깔과 맛이 정반대라서 헷갈린다."라는 소비자들의 혼돈과 더불어 "투명하다고 건강할 리가 없잖아?", "건강하고 싶다면 물을 마셔야지!"라는 상식적인 반론이 등장

2017년 이벤트성으로 재출시된 크리스탈 펩시

했다. 결국 크리스탈 펩시는 출시 후 2년 만에 단종되고 말았다.

그런데 이와 같은 펩시의 도전은 멈추지 않았다. 2002년, 이번에는 펩시가 '파란색 콜라'를 들고나온 것이다. 검은 콜라와 맛이 다를 바 없었던 투명 콜라의 실패를 교훈 삼아 펩시가 이번에는 콜라에 과일과 솜사탕 맛을 첨가했다. 그 시절 미국 10대 청소년들에게 레드불이나 게토레이 같은 강렬한 색깔의 음료가 큰 인기를 끌었다는 점에 착안한 발상이었다.

하지만 이 시도도 실패로 돌아갔다. 펩시가 추가한 맛은 과일과 솜사탕 맛이었는데, 너무 강렬한 파란색 탓인지 소비자들은 "치약 맛이 난다."라거나 "세제를 섞은 것 아니냐?"라는 혹평을 내놓았다. 이 제품도 "역사상 가장 괴상한 색의 탄산음료"라는 평가와 함께 출시 2년 만에 생산이 중단됐다.

펩시의 이런 기묘한 도전들에 대해서는 평가가 갈린다. 투명한 콜라, 파란색 콜라의 대실패를 보고 "소비자의 상식과 싸우면 망한다는 마케팅의 교훈"이라는 평가도 많았다. 하지만 나는 생각이 좀 다르다. 원래 성공은 실패를 감수한 도전 끝에 나오는 것 아닌가? 실패가 두려워서 아무런 행동도 안 하는 것보다는, 실패를 감수하고라도 과감한 도전에 나서는 편이 훨씬 더 낫다. 물론 펩시라는 회사의 도전들이 괴상하게 보일 때도 많지만 말이다.

만년 2위의 설움, 마케팅으로 극복하자

세계 마케팅 역사에 펩시만큼 굵직한 족적을 많이 남긴 기업은 드물다. 뒤에서도 자세히 다루겠지만, 해리어전투기로 유명해진 펩시 스터프 사건은 그들이 남긴 대표적인 흑역사 가운데 하나다. 하지만 펩시가 주도한 마케팅의 혁명적 사건도 적지 않다. 그중 하나가 식품 블라인드테스트blind test의 역사를 시작한 1975년 '펩시 챌린지Pepsi Challenge'다.

펩시는 코카콜라Coca-Cola와 함께 콜라 업계의 양대 산맥이지만, 창사 이래 한 번도 코카콜라를 넘어서 본 적이 없는 만년 이인자다. 코카콜라가 1886년, 펩시가 1893년('펩시'라는 이름이 붙은 것은 1898년)에 나왔으니 두 회사의 역사도 별 차이가 없다. 그러나 시장점유율 면에서 코카콜라는 펩시에 '넘사벽' 같은 존재였다.

펩시는 코카콜라를 넘어설 특단의 대책이 필요했다. 사람들이 코카콜라를 선택하는 까닭은 반드시 맛 때문일까? 펩시는 그런 이유보다는 습관 때문이라고 분석했다. '다들 코카콜라를 사서 마시니 나도 코카콜라를 먹는다.' 뭐 이런 심리가 작용한다는 것이다.

그래서 펩시는 1975년 펩시 챌린지라는 새로운 마케팅을 시도했다. 길거리에서 사람들을 모은 뒤 펩시 한 잔과 코카콜라 한 잔을 각각 마시게 한다. 시음자는 어느 콜라가 펩시인지 전혀 모르는 상태로 두 잔을 연거푸 마신다. 그리고 맛있는 콜라를 선택하게 한 뒤 그것이 펩시인지 코카콜라인지를 밝히는 방식이다.

TV 광고로 전국에 방송된 이 펩시 챌린지에서 의외로 많은 사람이 펩시를 선택했다. 펩시는 이 광고를 통해 "봤지? 코카콜라가 많이 팔리는 것은 습관 때문이지 더 맛있어서가 아니야!"라고 외친 셈이다.

물론 이 테스트에 대한 비판도 적지 않았다. 우선 펩시가 많이 선택받은 것은 사실이지만, 이는 두 콜라 맛의 특징 탓이라는 비판이 있었다. 코카콜라가 단맛보다는 청량감이 돋보이는 맛을 자랑하는 반면, 펩시는 코카콜라보다 확실히 더 달다.

각자 따로 마시면 못 느낄 차이지만, 둘을 연달아 마시면 펩시가 코카콜라보다 달다는 사실이 바로 느껴진다. 평소에는 코카콜라를 더 맛있다고 생각하던 사람들조차 덜 단 음료와 더 단 음료를 잇달아 마시면 더 단 음료를 맛있다고 착각할 수 있다는 것이다.

또 챌린지에서 펩시는 캔을 막 딴 상태로 따른 반면, 코카콜라는 캔을 미리 딴 뒤 조금 시간이 지나고 나서 따랐다는 비판도 나왔다. 코카콜라의 장점은 강한 탄산과 청량감인데, 캔을 미리 땄으니 당연히 이 느낌이 반감했다는 의미다.

하지만 진실 여부를 차치하더라도 이 마케팅은 콜라 시장에 엄청난 파장을 불러일으켰다. 코카콜라를 선호하던 사람들조차 집에서 두 콜라를 따라 놓고 무엇이 더 맛있는지를 테스트해 보기 시작했다. '콜라는 코카콜라'라는 고정관념에 균열을 내고자 한 펩시의 전략은 멋지게 성공! 1975년 탄산음료 시장점유율은 1위 코카콜라 35퍼센트, 2위 펩시 20퍼센트로 15퍼센트포인트 차이가 났지만, 펩시 챌린지를 지속적으로 실시하자 1980년 이 차이는 8퍼센트포인트(코카콜라 36퍼센트, 펩시 28퍼센트)로 줄었다.

대표성 휴리스틱

만약 사람들이 정확한 맛의 비교보다 '콜라는 코카콜라지!'라는 단

순한 생각으로 코카콜라를 선택하는 것이 사실이라면, 그 이유가 무엇일까? 행동경제학에서는 이런 현상을 '대표성 휴리스틱representative-ness heuristic'이라는 용어로 설명한다. 2002년 노벨 경제학상을 수상한 미국의 경제학자 대니얼 카너먼의 이론이기도 하다.

'휴리스틱'이란 쉽게 말하면 '대충 찍는 습관'이라는 뜻이다. 카너먼에 따르면, 사람은 어떤 선택을 할 때 이익과 손실을 꼼꼼히 비교해 결론을 내리지 않는다. 대부분의 사람은 선택의 기로에서 대충 찍어 버리는 경우가 많다.

대표성 휴리스틱은 무엇을 선택할 때 '어떤 것을 대표하는 이미지를 찍는 행위'를 뜻한다. 콜라를 고를 때 맛과 가격을 비교하는 것이 아니라 '콜라를 대표하는 음료는 코카콜라지!'라는 고정관념으로 선택한다는 의미다.

가위바위보를 할 때, 동서양을 막론하고 남성은 바위를 가장 많이 낸다는 연구 결과들이 있다. 이것도 '남자는 주먹이지!'(응? 도대체 왜?)라는 이상한 대표성이 작용했기 때문이다. 주먹을 낸다고 해서 가위바위보에 이길 확률이 높아질 리가 없다. 게다가 남자들이 주먹을 더 많이 낸다는 사실이 알려지면 상대는 보를 낼 가능성이 크기 때문에 오히려 패할 확률만 높일 뿐이다. 하지만 많은 남성이 '남자는 주먹이지!'라는 이상한 고정관념으로 주먹을 낸다.

그런 까닭으로 마케팅 시장에서 후발 주자들은 이 대표성 휴리스틱을 넘는 데 매우 애를 먹는다. 선두 주자가 선점한 대표성 휴리스틱을 극복하는 일은 후발 주자의 숙명이다. 지금은 미국 탄산음료 시장에서 상당한 비중을 차지하는 세븐업7Up도 1929년 출시 이후 오랫동안 코카콜라에 맥을 못 췄다. 사이다와 콜라는 엄연히 다른 음료인데도 사람들이 세븐업을 콜라와 같은 범주로 생각해 '탄산음료는 코카콜라지!'라는 대표성 휴리스틱을 넘지 못한 탓이다.

그래서 세븐업은 1960년대부터 '언콜라Uncola' 마케팅을 시작했다. 탄산음료 시장이라는 범주에 묶여서 콜라와 엮이는 한, 코카콜라의 대표성 휴리스틱을 이길 방법이 없었기 때문이다. 세븐업은 이 시절부터 '우리는 콜라가 아니에요.'라는 새로운 전략을 짰다. 이 전략은 멋지게 성공했다. 고객들은 콜라가 아닌 탄산음료 시장, 즉 언콜라 시장이라는 존재를 새로이 인식했고 세븐업은 언콜라 시장을 대표하는 음료로 부각했다. 세븐업이 언콜라 시장에서 새로운 대표성 휴리스틱을 형성한 것이다.

아직도 2위 펩시

펩시 챌린지는 콜라 시장에서 단기적으로 일대 변화를 일으키는 데에는 성공했다. 하지만 대표성 휴리스틱이란 그리 간단히 해결되는 문제가 아니다. 펩시 챌린지로 8퍼센트포인트까지 줄어든 시장점유율 격차는 시간이 갈수록 다시 벌어졌다. 오늘날 미국 탄산음료 시장에서 코카콜라는 약 20퍼센트의 점유율로 여전히 1위 자리를 지

1970년대 펩시의 마케팅 총책임자로서 소비자의 폭발적인 반응을
이끌어 낸 존 스컬리

키고 있지만, 펩시의 점유율은 7퍼센트 대로 8퍼센트 내외의 닥터페
퍼와 스프라이트에도 밀리는 상태이다. 펩시가 속으로 '빌어먹을 대
표성 휴리스틱 같으니라고!' 하며 분노하고 있을지도 모르겠다.

여담 하나만 추가한다. 펩시 챌린지로 펩시의 위상을 크게 높인
인물은 당시 마케팅 총책임자 존 스컬리John Sculley 수석 부사장이다.
그는 펩시 챌린지의 공로를 인정받아 1977년부터 1983년까지 사장

으로 회사를 이끌었다.

마케팅의 귀재로 명성을 드높이던 시절, 애플의 창업자 스티브 잡스가 스카우트를 위해 스컬리를 찾아왔다. 멀쩡히 사장으로 잘 일하고 있는 펩시를 떠나기 싫은 스컬리가 거절의 뜻을 밝히자 잡스는 그에게 묵직한 한마디를 던졌다.

"설탕물이나 팔면서 남은 인생을 보내고 싶어요? 아니면 나와 함께 세상을 바꿔 볼래요?(Do you want to sell sugared water for the rest of your life? Or do you want to come with me and change the world?)"

결국 스컬리는 이 한마디에 넘어가 이후 애플의 최고경영자로 10년 동안 일했다는 훈훈한(!) 후일담이다.

Check Point

대표성 휴리스틱

주어진 정보의 일부만을 보고 선입견 혹은 고정관념에 기반해 대충 결정을 내리는 경향. 이 때문에 마케팅 시장에서 후발 주자들은 선두 주자들이 만들어 놓은 이미지를 탈피하는 데 애먹곤 한다.

2등은 기능을 앞세우고, 1등은 문화를 이야기한다?

입지별 마케팅 전략

힘내라, 1등!

3개의 국산 자동차 브랜드가 경쟁하던 시절이 있었다. 현대자동차, 대우자동차(현 한국GM), 기아 3사가 그 주인공이다. 쌍용자동차(현 KG모빌리티)와 삼성자동차(현 르노코리아) 등의 브랜드도 있었지만 '현대차'와 '대우차', '기아차'의 브랜드 파워에는 못 미쳤다.

3사 가운데 압도적인 1위는 현대자동차였다. 대우자동차는 아무리 잘해도 기아와 2위를 다투는 수준에 머물렀다. 수석 한번 해 보겠다며 죽을 각오로 공부했는데, 수석의 실력이 넘을 수 없는 벽처럼 높아서 도저히 격차가 줄어들지 않는 상황과 같다. 그 절망감이 얼마나 큰지는 충분히 이해할 수 있을 테다. 결국 기아는 외환위기 직전인 1997년 7월 경영 위기로 사실상 부도가 났고 이듬해 현대그룹에 인수됐다. 대우자동차도 무리한 확장 탓에 2002년 미국 자동차 브랜드 제너럴모터스GM에 인수됐다.

그런데 2000년대 초반 대우자동차가 신문에 낸 독특한 광고는 주목할 만하다. 광고 제목은 '대한민국에 대우자동차가 없어도 되겠습니까?' 그러고는 뜬금없이 "현대자동차, 승승장구하십시오."라며 자기 광고에서 오히려 경쟁사의 선전을 기원했다.

이 광고는 우리나라에서 '2등 전략'을 가장 잘 구현한 마케팅으로 평가받는다. 2등은 1등보다 많은 면에서 불리하다. 브랜드 파워도 떨어지고 제품력도 비교적 낮다. 그러니 만년 2등에 머무른 것 아닌가? 게다가 소비자는 어떤 기업을 일단 1위 기업으로 인식한 뒤엔 그 생각을 잘 바꾸지 않는다. 이때 2위 기업이 1위 기업과 비슷한 마케팅을 하면 성공할 가능성이 작다. "우리 제품도 품질 좋아요." 정도의 마케팅으로는 압도적 1위 기업에 이미 마음을 준 소비자들이 잘 돌아서지 않는다는 뜻이다.

그래서 2등의 마케팅은 '2등다워야' 한다. 우선 스스로 2등이라는 사실을 인정하는 일이 중요하다. 자존심이 상한다고 아무리 1등인 척해 봐야, 허세는 금방 들통나기 때문이다. 그리고 2등이 가지는 성격을 부각해야 한다. 이것이 대우자동차의 전략이었다. 자동차

업계 2위를 자처하는 마케팅으로 대중에게 존재감을 각인했던
대우자동차

브랜드의 선두는 현대자동차지만, 바로 뒤에서 견제하는 우리 대우자동차가 없다면 현대자동차가 어떻게 긴장하며 좋은 차를 만들겠나? 그래서 우리 기업은 2등으로 살아남아야 한다. 대우자동차는 광고에서 이렇게 호소하며 소비자에게 "대우차 서포터가 되어 주십시오."라고 요청했다. 절박함과 솔직함이 드러난 광고는 사람들의 마음을 움직였다.

이 전략에는 또 다른 장점이 있다. 사실 그 당시 현대자동차가 1위 기업이라는 사실은 확실했지만 대우자동차가 2위 기업인지는 분명하지 않았다. 기아와 치열한 2등 다툼을 하는 중이었기 때문이다. 그런 가운데 대우자동차가 현대자동차를 겨냥하여 '힘내십시오. 2등인 우리 대우자동차와 좋은 경쟁해 봅시다.'라고 선언했다. 그러면 그 선언을 접한 사람들은 어떤 생각을 할까? 우리나라의 1위 자동차기업은 현대자동차이고, 2위 기업은 대우자동차라고 인식했을 테다. 1등은 보내 주되, 2등을 확실히 차지했던 거다.

전설의 2등 전략

이런 2등 전략으로 업계의 판도를 바꾼 전설의 기업이 있다. 미국 렌터카 회사 에이비스^Avis였다. 1960년대 에이비스가 내세운 광고 문구는 이것이었다. "우리는 렌터카 업계에서 2등입니다. 그래서 더 열심히 합니다.(Avis is only No.2 in rent a cars. So we try harder.)"

얼마나 당당한 선언인가? 2등임을 부끄러워하지 않는 솔직함과 당당함, 2등이어서 고객을 더 열심히 모시겠다는 진정성이 큰 반향을 일으켰다. 이 마케팅은 대성공을 거두며 에이비스를 단숨에 시장점유율 1위를 위협하는 수준의 기업으로 성장시켰다.

그런데 이 마케팅에는 반전이 있다. 그 당시 렌터카 업계의 1위 기업은 무려 시장점유율 70퍼센트를 자랑하는 허츠^Hertz였다. 나머지 30퍼센트의 점유율을 두고 고만고만한 수십 개의 회사가 도토리 키 재기를 하는 상황이었다. 에이비스도 이들 가운데 하나로, 시장점유율은 고작 10퍼센트 정도였다. 간신히 2위를 차지하고는 있었지만,

언제라도 경쟁자들에 밀려날 수 있는 처지였다. 그런데도 에이비스는 자신이 2등이라고 당당하게 광고를 냈다. 일반적으로 상상할 수 없는 마케팅이었다. 등수를 자랑하는 일은 1등의 몫이라는 생각이 상식처럼 퍼져 있었기 때문이다. 생각해 보라. '우리가 2등이다.'라고 자랑하면 '1등보다 못한 게 뭐가 자랑이냐?'라는 핀잔이 대번에 돌아올 것 아닌가?

하지만 에이비스는 지금의 위치가 충분히 자랑스럽다는 듯 '우리가 2등이다.'라고 선언하면서 경쟁 업체들과의 도토리 키 재기 논쟁을 끝내 버렸다. 그리고 2등이기에 더 열심히 고객을 모신다는 이미지로 시장 판도를 바꿨다. 적자에 허덕이던 에이비스는 이 마케팅 하나로 허츠와 선두를 다투는 렌터카 회사로 성장했다. 대우자동차가 경쟁자인 기아를 따돌리고 자신의 위상을 현대자동차에 버금가게 한 이 전술의 원조는 에이비스인 셈이다.

1등은 문화를 이야기한다

"2등 기업은 기능을 이야기하지만, 1등 기업은 문화를 이야기한다." 음식 배달업계 1위 기업인 배달의민족(이하 배민)의 슬로건이다. 업계 1위의 자신감이 듬뿍 묻어난다.

2위를 다투는 쿠팡이츠(유통업체 '쿠팡'이 운영하는 음식 배달 플랫폼 서비스)나 요기요는 자기 앱이 얼마나 좋은지 기능을 열심히 설명한다.

특유의 색상과 글씨체만으로도 연상이 가능하도록 브랜드 이미지를
성공적으로 각인한 배달의민족

하지만 배민은 압도적 1위다. 자잘한 기능은 설명할 필요가 없다. 그
래서 배민의 마케팅은 문화에 집중한다. 그것도 고상한 문화가 아니
라 철저한 'B급 문화'에. 배달 앱을 사용하는 주 고객이 20~30대 청
년층이라는 전제 아래 그들의 감성을 파고드는, 유치하지만 피식 웃
음이 나는 문구로 마케팅을 해 나갔다.

2014년 배민이 본격적으로 이름을 전국에 알린 마케팅은 배우
류승룡이 철가방을 들고 "우리가 어떤 민족입니까?"를 외친 그 광고
다. 역사 수업에서 우리는 단군 이래 우리 민족을 스스로 '배달의 민
족'이라 불러 왔다고 배웠다.

그런데 그때 배달이 어찌 배달delivery이겠나? 고조선부터 우리가 음식 배달로 명성을 떨쳤을 리 없지 않은가? '배달倍達'은 역사서에 한자로 적혀 있기는 하지만 순우리말로 추정된다. 뜻이 무엇인지도 확실치 않다. 그런데도 류승룡은 철가방을 든 채 말을 타고 "우리는 배달의 민족!"이라고 외쳤다. 나는 이 광고를 본 많은 사람이 우리 민족을 예로부터 '딜리버리'를 잘한 민족이라고 생각할까 봐 걱정했다. 1993년 침대 제조기업 에이스침대가 "침대는 가구가 아닙니다. 침대는 과학입니다."라는 광고를 한 적이 있다. 그때 초등학교 시험에 '다음 중 가구가 아닌 것은?'이라는 문제가 나왔고 수많은 학생이 세탁기라는 선지가 있는데도 침대를 답으로 골랐다. 왜 그랬을까? 침대는 가구가 아니라고 TV 광고에서 봤으니까!

이 밖에도 배민은 "치킨은 살 안 쪄요, 살은 내가 쪄요.", "박수 칠 때 떠 놔라—회.", "아빠 힘내세요, 우리고 있잖아요—사골 국물." 등 B급 감성이 가득한 문구로 마케팅 문화를 주도해 왔다.

그 자신감은 언제까지 갈까?

우리나라 음식 배달업계의 세 브랜드는 각자 마케팅의 특징이 뚜렷하다는 평가를 받았다. 배민은 감성, 요기요는 기능, 쿠팡이츠는 속도를 중심으로 홍보했다.

그런데 문제가 생겼다. 3위로 출발한 쿠팡이츠가 급속도로 1등

자리를 위협하기 시작한 것이다. 2024년 2월 쿠팡이츠는 일간 사용자 수에서 처음으로 요기요를 넘어서며 진짜 2위에 올랐다. 그리고 2025년 1월에 월간 사용자 수가 처음으로 1,000만 명을 돌파하면서 522만여 명에 그친 요기요를 더블스코어로 밀어냈다.

쿠팡이츠는 배민과 달리 문화를 논하지는 않았다. 오로지 기능과 속도, 가격에만 초점을 맞춘다. 2등은 분명 2등인데, 1등보다 편하고 빠르다는 당당함이 넘쳐 났다. 서비스 초기 '치타배달' 서비스를 마케팅 전면에 내세운 것도 그래서다. 치타배달은 치타라는 동물에서 연상할 수 있듯이 굉장히 빠르게 음식을 배달해 주는 단건 배달서비스다. 음식을 빠르게 배달하면서도 가장 맛있고 안정적으로 공급하는 업체들을 치타배달 업체로 인증하기도 했다.

1,500만 명에 달하는 쿠팡의 유료 멤버십 '와우' 가입자도 쿠팡이츠의 급성장에 가장 큰 동력이 되었다. 쿠팡이츠가 와우 가입자를 대상으로 무료 배달 등 혜택을 제공하면서 이들을 고객으로 손쉽게 끌어왔기 때문이다. 음식 배달 사업에만 집중하던 배민이 유통업계 전체를 뒤흔든 쿠팡의 힘에 속수무책으로 시장을 빼앗기는 셈이다. 결국 2025년 말에는 서울 지역 한정으로 쿠팡이츠가 결제 금액에서 처음으로 배민을 앞서 1위를 차지하기도 했다. 쿠팡이츠는 배민에게 이렇게 말하는 듯하다. "여러분이 한가하게 문화를 이야기하는 동안, 우리는 소비자가 정말 필요로 하는 것들을 찾아 나갔어요."

인터넷이나 모바일 업계는 공산품을 만드는 제조업체와 성격이

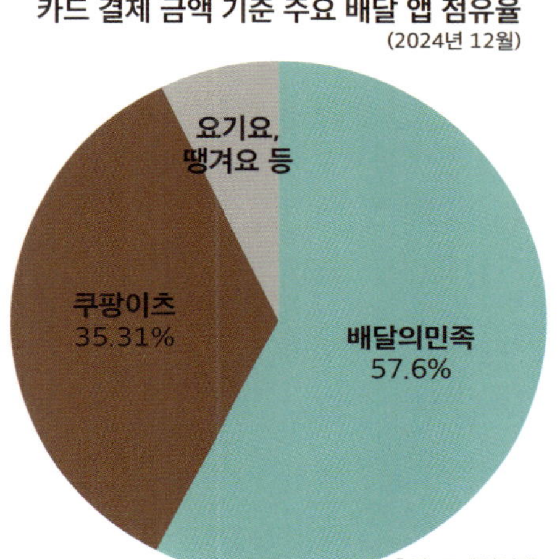

와우 멤버십 연계와 무료 배달 등으로 빠르게 배민을
추격하고 있는 쿠팡이츠

전혀 다르다. 공산품인 가전제품은 대체로 소모 기간이 길어서 하나를 사면 10년은 써야 한다. 그동안 제품에 만족했다면 브랜드를 향한 충성심도 생긴다. 만족한 브랜드의 제품을 계속 사서 쓰는 게 속 편하기 때문이다. 이 경우는 이미 한번 익숙해진 방식이 비효율적이라고 밝혀져도 벗어나지 못하게 되는 성질인 '경로 의존성'이 높다고 할 수 있다.

그런데 인터넷·모바일 세상은 다르다. 소비자의 경로 의존성이 매우 낮다. 손가락을 두세 번만 놀리면 기존 업체에서 새 업체로 갈

아탈 수 있다. 네이버를 이용하다가도 더 좋은 검색 사이트가 등장하면 클릭 몇 번으로 옮겨 갈 수 있듯이. 배민과 쿠팡이츠의 경쟁도 마찬가지다.

"2등 기업은 기능을 이야기하지만, 1등 기업은 문화를 이야기한다."라는 배민의 자신감이 언제까지 이어질지 궁금하다. 앞으로도 B급 감성의 문화 마케팅을 지속할 수 있을까? 그러기에는 기능과 속도를 앞세운 쿠팡이츠의 성장세가 몹시 가파르다. 배민의 즐겁고 유쾌한 이미지만으로 이 승부를 이겨 내는 일은 쉽지 않아 보인다. 강력한 2등의 추격에 선두를 위협받는 배민의 다음 행보는 과연 어떠할까.

Check Point

입지별 마케팅 전략

업계 1위 기업은 인지도와 품질을 바탕으로 브랜드 이미지 관리에 힘쓰고, 2위 기업은 그러한 1위에 정면으로 맞서려 하기보다는 차별화된 강점과 진정성을 바탕으로 존재감 확보에 힘쓰는 경향이 있다.

브랜드를 영원히 기억시키는 방법

레드불 스트라토스

카페인, 인류를 각성시키다

16세기 초반 아메리카 대륙의 아즈텍왕국을 멸망시킨 에스파냐 출신의 잔인한 정복자 에르난 코르테스Hernán Cortés는 그곳에서 '쇼콜라틀xocolatl'이라는 음료를 처음 접했다. 아즈텍족 원주민들이 '신의 음식'이라 부르던 열매인 카카오를 갈아서 만든 귀한 음료였다.

설탕이나 우유를 넣지 않은 쇼콜라틀은 당연히 매우 썼다. 원주민 언어로 'xoco'는 쓴맛, 'atl'은 음료라는 뜻이다. 한데 마시면 정신이 번쩍 들고 힘이 솟는 묘한 매력이 있었다. 그 효과를 신기해한 코

현대인의 일상에 없어서는 안 될 음료로 자리 잡은 아메리카노

르테스가 쇼콜라틀을 유럽으로 전파했고, 이는 서양인들이 카카오의 각성 효과를 제대로 맛본 첫 번째 사건이 되었다.

17세기 들어서는 이슬람권에서 종교적 각성제로 사용하던 커피를 이탈리아 베네치아 상인들이 유럽에 선보였고, 비슷한 시기 네덜란드 동인도회사가 중국에서 차를 수입하며 티타임teatime 문화를 만들었다. 마실수록 기분이 '업up'되고 잠이 달아나는 이 음료들은 삽시간에 퍼져 나가며 유럽을 휩쓸었다. 도대체 음료의 어떤 성분이 사람을 이토록 각성시킬까? 19세기 초반 독일의 과학자 프리들리프 페르디난트 룽게Friedlieb Ferdinand Rounge가 커피콩에서 그 오묘한 물질을 분리하는 데 성공하며 마침내 정체가 드러났다. 우리에게는 이미 너무나도 익숙한 물질, 바로 카페인caffeine이다.

공부하다가 잠이 올 때 커피 같은 카페인 음료를 마셔 봤을 테다. 바쁜 업무에 지친 현대인들은 아메리카노를 입에 달고 산다. 카페인의 각성 효과 때문이다. 하지만 잘 생각해야 한다. 카페인은 '신의 음식'이 아니고 만병통치약은 더더욱 아니다. 만병통치는커녕 오히려 부작용을 걱정해야 한다.

우리 몸이 피곤해지면 뇌는 "쉴 때가 됐다. 쉬어라."라고 명령을 내린다. 이때 뇌에서 생성되는 신경전달물질이 아데노신이다. 그런데 카페인은 아데노신이 신경세포와 결합하는 일을 방해한다. 피곤하다는 느낌이 사라지는 것도 그 때문이다. 즉 카페인은 피로를 해소하는 게 아니라, 피곤함을 덜 느끼게 해 줄 뿐이다. 카페인은 휴식을 강제로 막으면서 우리가 몸을 과도하게 쓰도록 조장한다. 카페인으로 얻는 각성이 절대 몸에 좋지 않다는 이야기다.

왠지 무시무시한 음료

1980년대에 고등학생이던 나는 크라운제약(현 지엘파마)에서 출시한 '타이밍'이라는 졸음 예방약을 자주 먹었다. 중간고사나 기말고사 등 위기 상황(?)이 닥치면 잠을 줄여 가며 공부해야 했기 때문이다. 타이밍은 두 알 정도 복용하면 잠이 싹 달아나는 신기한 효과를 자랑했다. 이 알약의 비법이 무엇이었을까? 물론 카페인이다. 타이밍 한 알에는 50밀리그램의 카페인이 들어갔다. 아메리카노 한 잔에 60~80밀리그램의 카페인이 들어 있으니 타이밍 두 알을 복용하면 커피 한 잔보다 조금 많은 카페인을 섭취하는 셈이다. 1980년대 당시 학생뿐 아니라 밥 먹듯이 야근하는 노동자들도 이 약의 도움을 받곤 했다.

이런 일상적인 사례 말고도, 졸음을 막기 위해 인류는 갖은 방법을 써 왔다. 제2차 세계대전 당시 독일은 마약인 메스암페타민meth-amphetamine 성분을 함유한 각성제 '페르비틴Pervitin'을 군인들에게 복용시켰고, 2000년대 초 미국에서는 군인들이 무려 7일 동안 잠을 이겨낼 수 있도록 하는 약을 개발했다는 설도 있다. 2011년에 중국군에서도 군인들의 작전 수행을 위해 수면 억제제 '밤독수리'를 개발했다. 한 알만 복용해도 72시간 동안 잠을 안 자고 버틸 수 있다는 이 약의 성분과 부작용을 중국군은 공개하지 않았다.

페르비틴이나 밤독수리 같은 극단적인 사례들을 접하면 등골이 섬뜩하다. '와, 그 약을 먹으면 잠도 안 오고 공부도 열심히 할 수 있겠다!'라며 기대하기보다 '도대체 약에 무슨 짓을 했기에 그런 게 가능한 거야? 부작용이 엄청나겠군!' 하는 걱정부터 든다. 카페인 음료의 최대 약점이 이것이다. 자꾸 마시면 몸에 무리가 올 거라는 염려가 앞선다.

그래서 카페인 음료는 광고를 정말 잘해야 한다. "마시면 정신이 번쩍 들어요!" 하는 식으로만 홍보하면 망하기 쉽다. 카페인에 각성

효과가 있다는 사실을 누가 모르나? 음료를 많이 마시기가 겁이 난다는 게 문제의 핵심이다.

한계에 도전하다

카페인 음료를 향한 소비자들의 두려움을 어떻게 해소할까? 다양한 방안이 있을 테다. 예를 들어 우리나라 자양강장제 브랜드의 선구자 격인 박카스는 '공감'이라는 콘셉트로 광고를 만들었다. 학생, 주부, 노동자 등 피로에 지친 사람들의 삶을 그리며 그들의 처지를 위로하는 내용을 담은 것이다. 이들에게 건네는 응원, 박카스 한 병! 카페인을 향한 공포를 줄이고 따뜻한 공감의 음료로 박카스를 포장하고자 한 전략이었다.

그런데 박카스와는 전혀 다른 방식으로 세계 시장을 석권한 브랜드가 있다. 1987년 오스트리아에서 출시한 이 음료는 지금까지 여러 나라에서 선풍적인 인기를 끌며 카페인 음료 시장의 압도적 1위를 지켜 왔다. 바로 레드불Red Bull이다.

냉정히 말해 레드불은 다른 카페인 음료보다 특별할 것이 없다. 카페인 함량은 커피 한 잔과 비슷하다. 적당한 카페인이 필요하면 그냥 커피를 마시면 되고, 커피맛을 싫어하고 시원한 카페인 음료를 원한다면 대체재도 많다. (우리나라에는 그 유명한 박카스도 있고!) 심지어 카페인 함량당 가격을 따져 보면 레드불은 다른 음료에 비해 훨씬 비싸다. '프리미엄 에너지드링크'라곤 하지만, 레드불에는 그 칭호에 어울릴 만한 별다른 특징이 보이지 않는다.

그런데도 레드불은 프리미엄 음료 대접을 받으며 세계시장에서 여전히 강자다. 도대체 이유가 뭘까? 레드불의 마케팅 전략이 한계를 뛰어넘고자 하는 인간의 욕구를 묘하게 자극하기 때문이다. 이른바 레드불의 '익스트림 전략'이다.

가장 높은 곳에서 뛰어내리다

레드불 마케팅의 핵심 슬로건은 "레드불, 날개를 펼쳐 줘요!(Red Bull Gives You Wings!)"다. 날개를 달고 직접 하늘을 나는 일은 인간에게는 꿈의 영역, 불가능의 영역이다. 그런데 레드불은 그 꿈을 자극한다. 불가능에 도전해 보라는 거다.

레드불은 광고에 엄청난 돈을 쏟아붓는 브랜드다. 불가능에 도전한다는 모토를 앞세우는 만큼 스포츠 마케팅에 상당한 공을 들인다. 그런데 광고비를 투자하는 분야가 독특하다. 축구나 하키 등 인기 스포츠에도 광고를 싣지만, 정작 초점을 맞춘 분야는 대중에게 생소한 익스트림 스포츠다. 절벽 다이빙, 비행기 레이스, 절벽에서 스키를 타는 익스트림 스키, 스케이트보드나 인라인스케이트를 타고 가파른 언덕을 내려오는 다운힐 익스트림처럼 흔히 접하기 힘들고 일반인은 도전할 엄두도 못 낼, 매우 위험해 보이는 스포츠에 레

레드불 후원 광고가 새겨진 헬멧을 쓰고 곡예를 선보이는
모터사이클 선수

드불은 광고비를 대거 투자한다.

익스트림 스포츠를 시청하는 사람들은 신체를 극한으로 몰아가는 짜릿한 광경에 매료되어 심장이 뛴다. 그때 레드불은 말한다. "레드불과 함께라면 어떤 힘든 도전도 이겨 낼 수 있어요!" 건강에 안 좋은 음료로 인식되던 카페인 음료의 악명을, 극한을 극복하는 도전적 이미지로 바꾼 것이다. 레드불의 마케팅 전략은 대성공을 거뒀다. 소비자들은 '카페인 음료를 마시면 몸에 안 좋지 않을까?'라는 걱정을 벗고, 레드불이 후원하는 나이아가라폭포 암벽등반 경기를 시청하면서 '그래, 아무리 힘든 일이라도 한번 해 봐야지!'라는 도전

미국 국립항공우주박물관에 전시되었던,
레드불 스트라토스에 사용된 캡슐과 다이빙복

의식을 장착했다.

이 마케팅의 정점을 찍은 사례가 '레드불 스트라토스Red Bull Stratos' 프로젝트다. 2012년에 레드불은 오스트리아 출신 스카이다이버인 펠릭스 바움가르트너Felix Baumgartner에게 스카이다이빙 역사상 가장 높은 곳에서 뛰어내릴 것을 제안했다. 바움가르트너는 1999년 말레이시아의 88층 건물인 페트로나스트윈타워에서 낙하산 점프를 해낸 데 이어 2007년에는 더 높은 타이베이101에서도 낙하를 성공한 전설적인 인물이었다.

그런데 그가 레드불로부터 제안받은 새 프로젝트는 차원이 달랐

다. 페트로나스트윈타워의 높이는 452미터, 타이베이101의 높이는 508미터에 달한다. 그런데 레드불이 제안한 도전은 무려 지상 39킬로미터 상공에서 다이빙하는 것이었다. 39킬로미터가 어느 정도 높이냐? 에베레스트산의 해발고도가 9킬로미터 조금 안 된다. 에베레스트산보다 네 배 이상 높은 하늘 위에서 떨어져야 한다는 이야기다. 비행기도 대다수가 대류권, 즉 상공 12킬로미터 아래서만 운행한다. 바움가르트너는 그보다도 한참 더 올라가서 성층권의 한가운데에 도달해야 했다. 성층권은 상공 12~50킬로미터에 해당하는, 기상관측기구가 올라가는 영역이다.

2012년 10월 14일, 바움가르트너가 탑승한 캡슐 기구가 39킬로미터 상공까지 올랐다. 캡슐이 열리고 등장한 바움가르트너는 가볍게 거수경례를 한 뒤, 오후 12시 8분경 드디어 인류 역사상 가장 높은 다이빙대에서 뛰어내렸다. 점프하는 모습이 유튜브를 통해 전 세계에 생중계됐는데, 동시 시청자가 800만여 명으로 그 당시 유튜브 라이브 방송 가운데 가장 많은 시청자 수를 기록했다. '한계에 도전한다'는 문구를 이보다 더 극적으로 설명할 장면이 어디 있단 말인가? 레드불 스트라토스의 성공 이후 레드불은 명실상부 세계적인 프리미엄 에너지드링크 브랜드가 됐다.

브랜드 파워는 언제든 강해지거나 약해질 수 있다. 영원할 듯하던 강자도 언젠가 몰락한다. 레드불의 강세가 카페인 음료 시장에서 언제까지 지속할지는 아무도 모른다. 하지만 한 가지 확실한 사실이 있다. 레드불이 사람들의 기억 속에서 사라질 수는 있어도, 레드불 스트라토스가 전한 짜릿한 도전의 감각은 오랫동안 사람들이 기억하리라는 것이다. 이것이 레드불이 선택한, 브랜드를 사람들의 기억 속에 영원히 남기는 방법이다.

Check Point

레드불 스트라토스

2012년, 레드불의 후원 아래 스카이다이버 펠릭스 바움가르트너가 성층권 높이로부터 뛰어내려 착지에 성공한 프로젝트. 이를 통해 레드불은 '한계에 도전한다'라는 모토를 전 세계 시청자의 기억에 강하게 각인시키며 브랜드 인지도를 끌어올렸다.

"다이아몬드는 영원하다!"를 외친 이유는?

다이아몬드와 물의 역설

국민 타자 이승엽의 치명적 말실수

한국프로야구 역사상 두 번째로 많은 홈런(467개)을 친 이승엽 선수는 은퇴한 뒤에도 '국민 타자'라고 불린다. 국가대표로도 맹활약한 데다가 인성도 훌륭해 현역 시절 악플이 거의 없는 선수로 유명했다. 그런 이승엽 선수가 한순간 팬들에게 밉상으로 찍힌 사건이 있다. 이른바 '사인 희소성 발언' 사건이다.

한 인터뷰에서 이승엽 선수가 "사인을 너무 많이 해 주면 희소성이 떨어진다. 내 사인볼이 인터넷에서 돈 받고 거래되는 모습에 충격받았다."라고 말한 적이 있다. 이후 몇몇 팬은 이승엽 선수가 무언가를 할 때마다 "그거 하면 희소성이 떨어질 텐데 왜 하나요?"라며 그를 조롱하기에 이르렀다.

논란은 차치하고, 경제학적으로 이승엽 선수의 말에는 약간의 오류가 있다. '사인을 많이 하면 희소성이 떨어진다'는 우려와 '내 사인볼이 돈 받고 인터넷에서 거래되는 모습에 충격을 받았다'는 분노는 상충한다. 이승엽 선수의 사인볼이 인터넷에서 거래되는 까닭은 희소성이 높기 때문이다. 그의 사인볼이 아무 데나 널려 있다면 인터넷에서 거래될 이유가 없다. 사인볼이 돈으로 거래되는 상황이 우려된다면 그는 사인을 더 많이 해 줘야 한다.

실제로 전 일본 프로야구 투수인 미우라 다이스케는 "당신의 사인이 인터넷에서 거래된다."라는 기자의 우려에 "그러면 내 사인의 가치가 없어질 때까지 사인을 더 많이 해 주겠다."라고 말한 바 있다. 사인볼 거래가 우려된다면 이런 태도가 경제학적으로 옳다.

한편 삼성 라이온즈 소속으로 많은 팬에게 사랑받는 김상수 선수는 '연쇄 사인마'라는 별명이 붙을 정도로 사인을 잘해 준다. 심지어 지나가는 사람(야구 팬도 아닌데!)을 붙잡고 "사인해 드릴까요?"라며 물었다는 소문까지 있다. 이런 친절 덕에 김상수 선수는 팬들에게 많은 사랑을 받지만, 그의 사인볼이 인터넷에서 거래되는 일은 거의 없다. 김상수 선수 근처에서 기웃거리기만 해도 얻을 수 있는 사인볼을 누가 돈 주고 사겠는가? 참고로 이승엽 선수는 이후 여러

차례 사인 희소성 발언을 진심으로 사과했으며, 해설위원으로 활약
하는 지금은 누구보다도 친절하게 사인해 준다고 한다.

왜 다이아몬드는 물보다 비쌀까?

이승엽 선수의 사인볼 이야기에는 경제학의 핵심 전제가 녹아 있다.
현대 경제학의 기본 개념이 바로 '희소성'이기 때문이다. 세상 모든
자원의 양은 한정돼 있다. 만약 자원이 무한하다면 경제학은 존재할
필요가 없다. 그냥 마음 내키는 대로 펑펑 쓰면 된다. 하지만 자원이
한정돼 있기에 인간은 효율적으로 자원을 사용해야 한다. 이것이 현
대 경제학의 중요한 전제다.

또 한 가지, '다이아몬드와 물의 역설diamond-water paradox'이라는 용
어가 있다. 경제학의 아버지라 불리는 애덤 스미스Adam Smith가 『국부
론』(1776)에서 다룬 문제로, '스미스의 역설Smith's paradox' 또는 '가치의
역설paradox of value'이라고도 불린다.

물은 인간의 생존에 꼭 필요하다. 반면에 다이아몬드는 반짝거
리고 단단하다는 점을 빼면 쓸모가 거의 없다. 워낙 단단한 물질이
어서 공업용으로 종종 사용되지만, 공업용 다이아몬드가 없다고 해
서 세상이 망할 정도는 아니다. 그런데 생존에 필수적인 물은 공짜
에 가까운 반면, 다이아몬드는 가격이 엄청 비싸다.

곰곰이 생각해 봐도 이상하다. 예를 들어 사막에서 길을 잃어 물

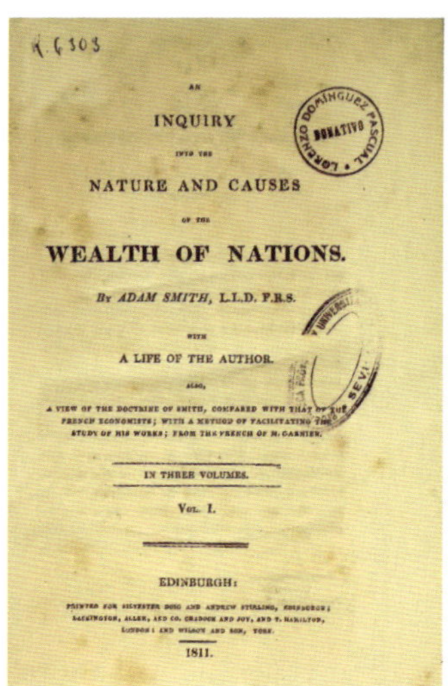

다이아몬드와 물의 역설을 제시한 애덤 스미스(왼쪽)와
그의 저서 『국부론』(오른쪽)

한 모금 못 마시고 죽을 위기에 처한 사람이 있다고 치자. 그에게 누군가가 물 한 통과 다이아몬드 1캐럿 가운데 하나를 선택하라고 할 때 '다이아몬드'라고 답할 사람이 있을까? 다이아몬드가 없다고 해서 죽진 않지만, 물이 없으면 죽는다. 하지만 가격은 다이아몬드가 훨씬 비싸다. 물건이 지닌 '가치'가 시장에서 형성된 '가격'과 큰 차이를 보이는 사례다.

이런 일이 벌어지는 까닭은 희소성 때문이다. 물은 인간에게 매우 유용하지만 세상에 널려 있다. (물론 사막에선 물이 희소하다.) 반면에 다이아몬드는 별로 쓸모없지만 발견하기가 매우 힘들다. 쓸모뿐 아니라 희소성이 가격에 큰 영향을 미친다는 의미다.

그런데 여기서 주의할 점이 있다. 이 사례만으로 '희소성이 높으면 무조건 비싸겠구나.'라고 생각해서는 안 된다. 아무리 희소성이 높아도 소비자들이 매력을 느끼지 않는다면 가격은 오르지 않는다. 예를 들어 무명선수 김야구 씨가 평소 지독하게 사인을 안 해 준다고 하자. 그렇다면 과연 김야구 씨 사인은 높은 가격을 받을 수 있을까? 그럴 리가! 누군가가 "김야구 사인볼을 10만 원에 팔아요."라고 광고하면 대부분은 "김야구가 누군데? 그걸 왜 돈 주고 사는데?"라는 반응을 보일 것이다. 아무리 희소성이 높아도 사람들이 관심을 보이지 않는 물건은 높은 가격을 받지 못한다.

드비어스의 전략 1: 희소성을 높여라

요약하자면 가격을 높이기 위해서는 '희소성'과 사람들의 '관심'이라는 두 가지 요소가 결합해야 한다. 이 전략으로 수십 년 동안 다이아몬드 시장을 장악한 기업이 있다. 남아프리카 지역을 기반으로 다이아몬드를 채굴·가공해 판매하는 다국적기업 '드비어스De Beers'가 그 주인공이다.

드비어스는 '현대 다이아몬드의 살아 있는 역사'라고 해도 과언이 아닌 기업이다. 다이아몬드는 그 아름다운 자태 덕에 고대부터 귀한 보석 대우를 받기는 했으나, 워낙 희귀한 데다가 가공이 어려

위서 대중화하기 힘들었다. 평범한 사람들은 다이아몬드가 어떻게 생겼는지도 몰랐다. 그러다가 19세기 후반 남아프리카 지역에서 다이아몬드 광산이 대거 발견되면서 다이아몬드가 대중화했다. 더 이상 다이아몬드는 희소성이 가장 높은 보석이 아니었다. 부유층은 희소성이 낮아진 다이아몬드보다 빛깔이 영롱한 루비 등을 더 선호하게 됐다.

이때 드비어스는 남아프리카 지역의 다이아몬드 광산을 대부분 사들여 세계에서 가장 거대한 다이아몬드 업체로 성장했다. 그리고 희소성이 낮아진 다이아몬드의 가치를 높이기 위해 파격적인 전략을 구사했다. 바로 다이아몬드 공급을 조절한 것이다.

드비어스는 어떤 경우에도 다이아몬드 생산을 적극적으로 늘리지 않았다. 또 가격을 낮추는 법도 없었다. 수요가 적어지면 제품의 가격이 내려가야 정상이다. 싼값에라도 팔아야 재고가 쌓이는 일을 막을 수 있기 때문이다. 그러나 드비어스는 경기가 나빠져 다이아몬드가 안 팔려도 기존 가격을 고수했다. 안 팔린 다이아몬드 재고가 쌓이면 이듬해 다이아몬드 생산을 더 줄였다. 이러면 당연히 기업 실적이 나빠진다. 하지만 드비어스는 끄떡도 하지 않았다. 당장 실적이 좀 나빠져도, 싼 가격에 제품을 팔아 다이아몬드의 가치를 떨어뜨리는 것이 장기적으로 더 손해라고 여긴 까닭이다.

경제가 좋아져 수요가 늘면 기업은 제품의 생산량을 늘리게 마련이다. 그래야 제품을 많이 팔아 돈을 더 벌 수 있다. 하지만 드비

독점과 공급량 조절로 다이아몬드의 희소성을 높이고자 한 드비어스

어스는 이마저도 거부했다. 다이아몬드가 모자라도 그 상태로 놓아 두었다. 다이아몬드를 많이 생산해 희소성이 떨어지면, 다이아몬드의 가치가 장기적으로 하락할 것이라고 우려해서였다.

이런 정책 덕에 1990년대 다이아몬드 가격은 1960년대에 비해 다여섯 배 가까이 상승했다. 희소성을 중시한 전략으로 드비어스는 1990년대 중반까지 전 세계 다이아몬드 시장의 80~90퍼센트를 장악한 독점기업의 지위를 누릴 수 있었다.

드비어스의 전략 2: 영원함을 강조하라

희소성을 확보한 드비어스는 사람들의 관심을 얻기 위해 다이아몬드에 새롭고 고귀한 이미지를 부여하는 전략을 사용했다. 아무리 희소해도 다이아몬드의 가치가 김야구 씨의 사인 같은 것이어서는 소용없기 때문이다.

기본적으로 보석의 가치는 예쁘고 단단한 데 있다. 그런데 '예쁨'의 기준은 사람마다 다르다. "다이아몬드가 가장 예쁜 보석인가?"라고 물으면 답이 다 다를 수밖에 없다. 이때 드비어스는 '예쁘다' 또는 '단단하다'라는 이미지 대신 '영원하다'라는 새로운 이미지를 끌어 들였다. 제2차 세계대전 직후 전 세계적으로 조혼早婚, 즉 일찍 결혼하는 풍습이 유행했다. 전쟁의 참상을 경험한 사람들이 '언제 죽을지 모르니 결혼부터 해야겠다'는 생각을 품은 것이다. 드비어스는 바로 이 결혼 시장을 파고들었다. 1947년 드비어스는 광고 역사에 길이 남을 카피인 "다이아몬드는 영원하다.(A Diamond is Forever.)"를 발표했다.

사실 보석은 대개 단단하다. 하지만 다이아몬드의 단단함은 상상을 초월한다. 그렇다고 해서 '다이아몬드는 무엇보다 단단해요.'라며 광고하는 것은 아둔한 방법이다. '단단하다'라는 말에선 왠지 돌멩이 같은 이미지가 연상되는 탓이다. 이때 '단단하다' 대신 '영원하다'라는 말을 쓴다면? 영원함의 이미지가 보태지자 다이아몬드는

오늘날 외관상 차이가 미미하면서도 비교적 저렴한 가격으로 사랑받는
인공 다이아몬드

결혼 예물로 불티나게 팔리기 시작했다. 결혼을 앞둔 커플은 자기들의 사랑이 영원하기를 기원하면서 비싼 돌멩이(!)를 사기 위해 주저 없이 지갑을 열었다.

물론 그 어떤 제국도 영원할 수는 없는 법이다. 드비어스가 구축한 다이아몬드 제국은 1990년대 중반부터 서서히 붕괴했다. 캐나다와 오스트레일리아 등지에서 새로운 다이아몬드 광산이 발견되며 드비어스의 독점이 깨진 것이 결정타였다. 또 인공 다이아몬드의 판매가 증가한 것도 드비어스에는 악재로 작용했다. 실용적인 소비 심리를 지닌 젊은 세대는 전쟁을 겪은 이전 세대와 달리, 비교적 저렴하면서도 아름다운 인공 다이아몬드로 서로의 사랑을 충분히 확인했다.

결국 2000년대 들어 드비어스는 "다이아몬드의 공급을 조절하는 정책을 포기한다."라고 공식적으로 선언했다. 한때 90퍼센트를 넘나들던 드비어스의 시장점유율도 30퍼센트대로 내려앉았다.

"다이아몬드는 영원하다."라는 외침과 달리, 드비어스가 세운 다이아몬드 제국은 영원하지 않았다. 다만 단기적 손실을 감수하면서까지 공급을 조절하며 한 세기 가까이 시장을 제패한 드비어스의 전략은, 희소성이 가격에 얼마나 큰 영향을 미치는지를 생생하게 보여 주었다.

Check Point

다이아몬드와 물의 역설

인간의 생존에 필수적인 물은 저렴한 데 비해 실질적인 필요성이 미미한 다이아몬드의 가격이 매우 높다는 점을 짚는 역설로, 상품의 가격이 쓸모뿐 아니라 희소성에 의해 결정됨을 드러낸다.

나를 자랑하지 말고 상대를 저격하라

네거티브 마케팅

돌아선 표심을 되찾아야 한다

1964년 미국 대통령선거(이하 대선)에서 민주당 린든 존슨Lyndon B. Johnson 대통령이 공화당 대선 후보 배리 골드워터Barry M. Goldwater와 맞붙었다. 존슨은 1960년 대선에서 존 F. 케네디John F. Kennedy의 러닝메이트로 부통령에 당선된 뒤 존 F. 케네디 대통령이 1963년 암살당하자 대통령 자리를 이어받은 인물이다. 여론은 존슨에게 유리했다. 미국 국민은 젊고 파격적인 전임 대통령 존 F. 케네디를 사랑했다. 그러니 후임인 존슨에게 동정을 담은 지지가 이어진 것은 당연했다.

그런데 선거가 본격화하면서 판세가 바뀌었다. 존슨이 존 F. 케네디의 친동생이자 법무부 장관이던 로버트 F. 케네디^{Robert F. Kennedy}와 정적으로서 갈등을 빚은 일이 결정타였다. 존슨의 인기는 대부분 존 F. 케네디 덕분이었는데, 정작 그의 동생 로버트 F. 케네디와 불화하자 유권자들은 존슨을 향한 지지를 철회했다.

또 흑인 인권 운동에 앞장서던 휴버트 험프리^{Hubert H. Humphrey}를 부통령 후보로 지명한 일도 표심을 돌리는 데 도움이 되지 않았다. 1960년대 미국은 인종차별이 공공연하던 나라였기 때문이다. 특히 노예제를 옹호하던 미국 남부 지역 백인들의 인종차별 의식이 유독 강했다.

상대 후보인 골드워터는 미국 남부의 지지를 얻기 위해 인종차별 문제는 연방정부 차원이 아니라 각 주州정부에서 알아서 해결할 일이라며 남부 백인 보수주의자 편에 섰다. 게다가 그는 "소련 크렘린궁전에 미사일을 떨어트려야 한다.", "핵전쟁은 당연히 할 수 있다." 같은 주장을 앞세운 초강경파였다. 선거에서 전쟁의 위협을 앞세우면 보수파는 결집하기 마련이다. 냉전 시기에 소련을 강하게 적으로 돌린 골드워터의 전략은 남부 백인들과 강경보수파를 단단히 결속시켰다.

골드워터의 지지율이 가파르게 상승하고 있다는 분석이 자자할 때였다. 1964년 9월 7일 밤 10시, 미국 4대 지상파방송 가운데 하나인 NBC가 영화를 방영하기 직전 존슨 측이 제작한 광고 한 편을 내

보냈다. 그리고 이 광고는 미국 대선 역사상, 아니 전 마케팅 역사상 가장 충격적이고 놀라운 성과를 거둔 '네거티브 캠페인', 즉 상대 후보의 비리를 폭로하거나 비난하여 상대 후보가 지지를 받지 못하도록 하는 선거운동의 교본으로 꼽히게 되었다.

소녀의 천진함과 죽음의 공포

세 살이 채 안 되어 보이는 여자아이가 귀엽고 천진한 표정으로 꽃잎을 딴다. 소녀는 꽃잎을 하나 딸 때마다 숫자를 붙인다. 나이가 너무 어려 발음도 정확하지 않고 숫자도 틀린다. "원, 투, 쓰리, 포, 파이브, 세븐('파이브' 다음은 '식스'여야 하지만 아이는 틀렸다.), 식스, 식스('식스'를 두 번이나 셌다.), 에잇, 나인." 갑자기 아이의 눈이 클로즈업되며 진짜 카운트다운이 시작된다. 텐, 나인, 에잇, 세븐, 식스, 파이브, 포, 쓰리, 투, 원! 핵무기가 쾅 하고 터진다. 그러면서 린든 존슨의 목소리가 들린다. "이것은 도박입니다. 세상을 신의 아이들이 살 만한 곳으로 만들 것인가, 아니면 어둠 속으로 빠질 것인가. 우리는 서로 사랑해야 합니다. 그렇지 않으면 우리 모두 죽습니다."

이 광고는 TV에 '광고로는' 딱 한 번 나갔다. 광고를 본 배리 골드워터 쪽이 "민주당이 우리를 핵전쟁이나 일으키는 정당으로 몰아갔다."라며 격렬히 항의했기 때문이다. 하지만 이 광고 하나로 선거

1964년 미국의 지상파 TV에 단 한 차례 방영되었던
'데이지 걸' 광고

는 사실상 끝났다.

사람들의 머릿속에 핵전쟁의 공포가 떠올랐다. 2년 전 소련 및 쿠바와의 갈등으로 핵전쟁이 일어나기 직전까지 가 본 미국 유권자들은, 광고 속 소녀처럼 귀여운 우리의 아이들이 핵전쟁으로 끔찍하게 죽을 수도 있겠다는 생각에 몸을 떨었다. 화제성이 너무 컸기에 미국의 대형 방송사(ABC, CBS, NBC 등)들은 뉴스에서 자료 화면으로 이 광고를 계속 내보냈다. 판세는 뒤집혔고, 존슨은 압승을 거뒀다. 광고에 등장한 꽃이 데이지 꽃이었기에 사람들은 네거티브 캠페인

역사상 가장 놀라운 성과를 거둔 이 광고를 '데이지 걸^{Daisy Girl}' 광고라고 불렀다.

네거티브는 왕도가 아니다

데이지 걸 캠페인이 대성공을 거두면서 네거티브 마케팅을 향한 관심이 치솟았다. 사실 나를 자랑하기보다 남을 욕하는 쪽이 화제성이 높긴 하다. 친구가 자기 자랑만 잔뜩 늘어놓으면 그건 재미도 없고 재수도 없다. 그런데 친구가 제3자 욕을 신나게 하면 재수는 없지만 재미는 있다. '우리 제품은 이래서 뛰어납니다.'라는 광고보다 '쟤네 제품은 이래서 나빠요.'라고 말하는 광고에 더 눈길이 가는 이유다.

그런데 마케팅에는 과학처럼 정답이 있지 않다. 네거티브 마케팅이 포지티브^{positive} 마케팅보다 무조건 효과적이라면 지금 세상의 모든 광고는 경쟁사 제품을 욕하는 내용으로 도배됐을 테다. 하지만 현실은 그렇지 않다. 왜일까? 네거티브 마케팅은 화제성이 높다는 분명한 장점이 있지만, 그만큼 약점도 뚜렷하기 때문이다.

2012년 스마트폰 시장에서 애플과 치열한 선두 다툼을 벌이던 삼성전자의 '갤럭시'가 "It doesn't take a genius."라는 광고를 냈다. 직역하면 "천재가 필요하지 않아요."쯤 되는데 속뜻은 좀 달랐다. 그 당시 애플은 매장에 '지니어스 바^{Genius Bars}'라는 공간을 운영했는데, 매장을 찾은 고객에게 직원이 애플 제품의 기능과 사양을 상세히

2012년, 갤럭시 S3을 출시하며 공격적인 마케팅을 펼친 삼성전자

알려 주고 애플 서비스 이용을 도와주는 곳이었다. 이에 삼성전자가 아이폰의 기능이 얼마나 복잡하면 천재가 설명까지 해 줘야 하냐는 비판을 광고에 담은 것이다.

뒤이어 삼성전자는 "(애플이) 다음에 내놓을 혁신도 이미 갤럭시 S3에 있다.(The Next Big Thing is Already Here, GALAXY S Ⅲ.)"라며 다시 애플을 깎아내렸다. 《뉴욕타임스》가 "삼성전자의 이번 광고가 특히 빈정대는sarcastic 느낌이 강하다."라는 분석을 내놓을 정도였다.

그런데 이 네거티브 마케팅은 별 성과를 거두지 못했다. 이유는 세 가지였다. 첫째, '팬보이Fanboy'라 불리던 열렬한 아이폰 애호가들을 너무 자극했다. 네거티브 마케팅은 자기편을 결속시키기도 하지만 상대편을 단결하게 하는 효과도 강하다. 그때만 해도 대다수 스마트폰 사용자는 아이폰 아니면 갤럭시 가운데 하나를 선택해야 했는데, 아이폰 사용자들의 반감을 키운 탓에 삼성전자는 시장을 확장할 기회를 놓쳤다.

둘째, 삼성전자는 상대를 깎아내리려다 자기 고객까지 폄훼하는 경솔한 실수를 저질렀다. '스마트폰을 쓰는 일에 천재가 왜 필요하냐?'라는 말은 아이폰 사용자는 천재지만 갤럭시 사용자는 천재가 아니라는 비하로 들릴 수 있었기 때문이다.

셋째, 린든 존슨의 사례에서 보듯이 보통 네거티브 마케팅을 활용하는 건 불리한 쪽이다. 그래서 이 마케팅 전략을 쓰면 다급해 보이는 인상을 주게 된다. 2012년 당시 애플과 삼성전자는 누가 1위인지 구분이 어려울 정도로 치열한 경쟁을 벌이고 있었다. 하지만 네거티브 마케팅을 하는 순간, 삼성전자는 마치 애플보다 다급한 처지인 듯 비쳤다. 2등이 아니었는데도 스스로 2등임을 인정한 꼴이 됐다는 이야기다.

다 같이 망하는 수도 있다

더 극단적인 사례도 있다. 1990년대 초반 우리나라에 녹즙기가 크게 유행했다. 녹즙기란 채소를 기계에 넣고 갈아 즙으로 만들어 주는 기계다. 그런데 칼날이 워낙 빠르게 돌아가다 보니 쇳가루가 녹즙에 떨어지는 경우가 생겼다.

이에 1994년 5월 '녹즙기 쇳가루 논쟁'이라는 사건이 터졌다. 그 당시 녹즙기 시장에선 엔젤라이프라는 업체가 굳건한 1위였고, 후발업체 그린파워가 가파른 성장세를 보이며 그 뒤를 쫓는 형국이었다. 그런데 2위 업체던 그린파워가 중금속 등 불순물이 검출되는 수치가 가장 낮은 제품이 자기 회사 녹즙기라는 광고를 냈다. 엔젤라이프를 겨냥한 전략으로, '너희 제품에서는 쇳가루가 많이 나오지만, 우리 제품에서는 조금 나온다.'라는 의미가 담겨 있었다.

발끈한 엔젤라이프는 그린파워가 허위 광고를 했다며 공정거래위원회에 제소했다. 그린파워는 다시 반발해 아예 한국과학기술연구원KIST에 직접 실험을 의뢰한 뒤 결과를 공개했다. 자사의 녹즙기에서 철, 니켈, 크롬 등 금속 성분이 다른 회사 제품과 비교하면 훨씬 덜 나왔다는 게 실험 결과였다. 엔젤라이프는 그 실험이 개인 의견에 불과하며 사실이 아닌 과장 광고라고 또 반박했다.

치고받는 네거티브 마케팅이 절정에 치달은 결과가 어땠을까? 간단히 말해 둘 다 망했다. 정확히는 녹즙기 시장 전체가 망하다시피 했다. 왜냐하면 이 사건이 터지기 전까지 소비자들은 녹즙기에서 쇳가루가 나온다는 사실을 아예 몰랐기 때문이다. 그런데 2위 업체가 1위 업체를 겨냥해 우리 녹즙기에서는 쇳가루가 '덜 나온다'고 광고를 해 버렸다. 아예 안 나온다고 했으면 몰라도, 덜 나온다고 했기에 문제가 커졌다. 쇳가루가 많이 나오는 것보다 조금 나오는 게

1990년대 당시 쇳가루 논쟁에 휩싸인 녹즙기 시장

낫긴 하겠지만, 조금이라 해도 쇳가루 검출이 바람직한 일은 아니지 않은가?

두 회사의 이전투구에 소비자들은 녹즙기 자체를 외면했다. 사태가 커지자 정부가 나서 직접 검사에 돌입했고, "시중 녹즙기에서 검출되는 쇳가루 양은 인체에 해를 미칠 정도가 아니다."라고 여론을 진화하려 했으나 상황은 바뀌지 않았다. 업계 1위던 엔젤라이프는 그해(1994년) 10월 부도가 났다. 전해 200퍼센트 성장세를 자랑하던 그린파워도 문을 닫느니 마느니 하는 지경에 이르렀다. 난립하던 50여 개의 중소 녹즙기 제조사는 대부분 망했다. 네거티브 마케팅이 본인은 물론 시장 전체를 죽여 버린 대표적 사례다.

앞에서도 언급했지만, 네거티브 마케팅은 이목을 끌기 쉽다. 그러나 모든 시도가 성공으로 이어지지는 않는 법. 마케팅의 역사를 살펴보면 남의 단점을 저격하는 전략은 오히려 성공하기보다 실패한 경우가 더 많다. 다시 한번 강조하건대 마케팅에 정답은 없다. 네거티브든 포지티브든, 마케팅의 성패는 형식이 아니라 소비자의 감성을 얼마나 제대로 찌르느냐에 달려 있을지도 모른다.

Check Point

네거티브 마케팅

자신의 강점을 어필하기보다, 경쟁자인 상대의 약점을 지적하고 널리 알림으로써 자신의 입지를 상대적으로 높이는 데 집중하는 마케팅 방향성. 화제성은 높으나 자신의 이미지 역시 손상될 위험성이 있다.

한일·조흥·서울···
그 많던 은행은
다 어디로 갔을까?

수확체증 현상

수확체감의 법칙

한국에서 경제학을 공부하며 개인적으로 불만이었던 점은, 경제학 용어가 너무 어렵다는 것이었다. "한국에서 공부한다고 해서 경제학 용어가 딱히 더 어려울 까닭이 있나?"라는 궁금증이 생길 수 있는데, 내 경험상 한국에서 공부하는 게 분명히 더 어렵다.

누가 외국의 경제학 용어를 한국어로 처음 옮겼는지 모르겠지만, 번역된 용어가 과도하게 어려운 한자들로 구성돼 있기 때문이다. '수확체감의 법칙'만 해도 그렇다. '수확체감'이라고 하면, 무슨 뜻인지 알아들을 사람이 몇이나 될까? 내 주변 사람들은 대부분 "아무렴, 수학이 제일 어렵지. 확 체감이 되는 말이지."라는 반응을 보이곤 했다.

하지만 당연하게도 여기서 '수확'은 수학이 아니며, '체감'도 "오늘의 체감온도는 영하 10도입니다." 할 때의 그 체감이 아니다. 수확체감收穫遞減은 영어로 'diminishing returns'라고 한다. 즉 '줄어드는 이윤'이란 뜻이다.

보다시피 전혀 어려운 말이 아니다. 그런데 농작물에 관해 이야기할 때 빼곤 거의 쓰지 않는 수확이란 단어와, 평소에는 절대 쓰지 않을 듯한 체감이란 단어를 붙여 당최 이해할 수 없는 용어를 만들어 버렸다. 영어로 말하면 알아듣는데 한국어로 말하면 이해가 안 되는 이 슬픈 현실을 어찌해야 할까?

아무튼 경제학에는 수확체감의 법칙이 있다. 사전적 의미는 '자본·노동 등 생산요소의 투입이 일정 수준을 넘으면 한계생산량(생산요소가 한 단위 증가할 때 더 생산되는 재화의 수량)은 점차 줄어드는 현상'이다. 무슨 뜻인지 구체적으로 알아볼까?

예를 들어 어느 공장에서 100명의 노동자를 고용해 하루 평균 100개의 물건을 생산한다고 가정하자. 공장 사장이 더 많은 돈을 벌 욕심으로 노동자 수를 200명으로 늘렸다. 이러면 생산하는 물건 수가 당연히 늘어난다. 그런데 여기서 살펴봐야 할 점이 있다. '200명의 노동자가 하루에 만드는 물건 수가 과연 200개가 되느냐'가 핵심

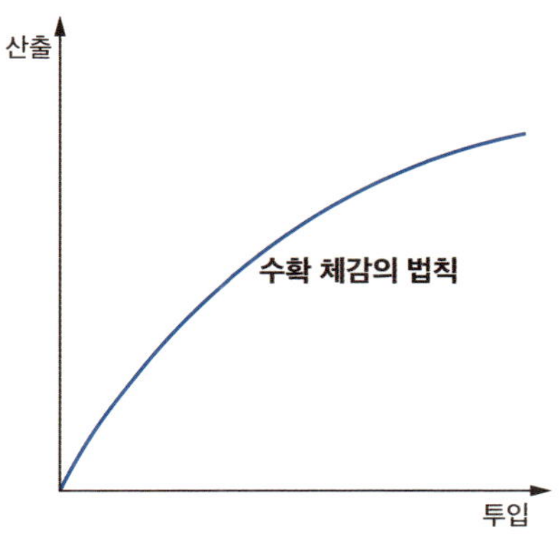

투입 비용이 증가할수록 산출량의 증가 폭이 줄어드는
수확체감의 법칙을 나타낸 그래프

이다. 종전에 100명이 100개를 만들었으니, 200명이 일하면 200개를 만들어야 마땅할 듯싶다.

하지만 실제로 공장을 경영해 보면 노동자가 100명에서 200명으로 늘어도, 100개 만들던 물건을 200개 만들진 못하는 경우가 대부분이다. 왜냐하면 공장에서 돌릴 수 있는 기계가 한정돼 있기 때문이다. 100명이 일하다가 200명이 일하면, 사람은 북적대는데 어딘가에 할 일 없는 사람이 꼭 생긴다. 그처럼 비효율이 발생하는 탓에 200명이 만든 물건 수는 180개 정도에 그친다. 바로 이런 현상을 수확체감이라고 부른다. 100명이 일할 때는 1명당 1개를 만들었는데, 200명이 일하면 1명당 0.9개밖에 못 만드는 것이다. 만약 노동자 수를 300명으로 늘리면, 1명당 생산량은 0.8개쯤으로 더 떨어질 테다.

수확체감의 법칙과 상반되는 수확체증 현상

오랫동안 경제학에서는 수확체감이 당연한 진리로 받아들여졌다. 그래서 수확체감 이론을 '법칙'이라고까지 부른 것이다. 하지만 시간이 지나면서 수확체감의 법칙에 위배되는 숱한 사례가 발견되기 시작했다.

특히 정보기술IT 분야에서 이런 사례가 쏟아졌다. 사람들이 널리 이용하는 네이버와 카카오를 예로 들어 보자. 설립 당시 두 회사는 돈이 풍족하지 않아서 많은 수의 노동자를 고용하진 못했다. 그런데 포털 사이트 네이버와 모바일 메신저 카카오톡이 엄청난 인기를 끌면서 두 회사는 노동자 수를 2배·3배·4배로 점점 늘려 나갔다.

만약 수확체감의 법칙이 작용했다면, 노동자 수가 2배·3배·4배로 늘어나도 두 회사가 벌어들이는 수익은 2배·3배·4배에 못 미쳤어야 한다. 하지만 천만의 말씀! 두 회사의 수익은 2배·3배·4배가 아니라 10배·100배·1,000배로 늘어났다. 대놓고 수확체감의 법칙에 어긋나는 사례를 만들어 낸 것이다.

경제학자들은 이런 사례를 '수확체증收穫遞增, increasing returns 현상'이라고 불렀다. 생산요소의 투입을 늘릴수록, 예컨대 노동자 수를 늘릴수록 늘어난 노동자 수보다 훨씬 더 큰 폭으로 생산이나 수익이 증가하는 현상을 가리킨다. '어떤 산업에서 수확체증 현상이 나타난다'는 이야기는, 곧 그 산업에 속한 기업은 크기를 키우면 키울수록 유리하다는 의미다. 노동자 수든 기계 수든 생산요소를 자꾸 늘리면, 늘리는 데 드는 비용보다 더 많은 돈을 벌 수 있다.

그렇다면 IT 분야에서 수확체증 현상이 자주 나타나는 이유는 무엇일까? 네이버와 카카오 같은 온라인·모바일 서비스를 제공하는 기업은 이용자가 많아질수록 돈을 버는 데 압도적으로 유리하다. 온라인·모바일 이용자들은 이용자가 많이 모이는 곳을 훨씬 선호하기 때문이다.

블로그를 운영하는 사람은 자기 블로그를 봐 주는 사람이 많은 사이트를 더 좋아한다. 메신저를 사용하는 사람은 이용자가 많은 메신저를 더욱 선호한다. 그래서 온라인·모바일 서비스 사업에서는 일단 1위에 오르면 파죽지세로 시장을 완전히 장악하는 경우가 비일비재하다.

한번 시장을 장악한 사업자는 별의별 방식으로 돈을 벌 수 있다. 처음에는 단순히 메신저 서비스를 제공했던 카카오가 수천만 명의 이용자를 확보한 이후 은행과 방송은 물론, 택시와 대리운전 사업까지 삽시간에 거머쥔 모습을 보라.

이런 사업 분야에서는 한번 업계 1위에 오르면 사업 규모를 키울수록 더 많은 돈을 벌 수 있다. 그때부터는 사업 확장을 위해 노동자 수를 2배로 늘리면, 벌어들이는 돈은 3배·4배 이상이 된다. 이런 사업 분야에서 수확체감의 법칙은 그야말로 무의미한 이론이 돼 버린다.

뱅크런 현상

수확체감의 법칙이 적용되지 않는 또 다른 사업 분야가 은행업이다. 은행업도 사업 규모가 커지면 커질수록 벌어들이는 돈이 더 많아진다. 왜냐하면 은행의 핵심 경쟁력이 '고객의 신뢰'이기 때문이다. 잘 생각해 보면 사실 우리가 은행에 예금하는 것은 매우 위험한 일이다. 도대체 뭘 믿고 은행에 내 피 같은 돈을 맡긴단 말인가? 만약 은행이 돈을 떼어먹으면 어떡하려고?

그런 일이 벌어지지 않는다고 방심해선 안 된다. '뱅크런bank run'이라는 경제 용어가 있다. 은행에 돈을 맡긴 고객들이 어떤 이유로 은행을 믿지 못하게 되면서 예금한 돈을 찾기 위해 너도나도 은행으로 달려가는 현상을 뜻한다. 은행은 고객으로부터 받은 예금을 다른 곳에 빌려주고 이자를 받아 돈을 버는 기업이다. 고객들이 예금을 다 찾겠다고 한꺼번에 들이닥치면 은행은 돈을 모두 내줄 순 없다. 그 돈 가운데 상당액을 누군가에게 이미 빌려줬기 때문이다.

은행이 고객의 예금을 돌려주지 못하는 일이 발생하는 순간, 사람들의 마음속엔 '이러다가 내 돈 못 찾는 것 아니야?'라는 불안감이 싹튼다. 불안감은 전염병처럼 번져 나간다. 그때부터는 '누가 누가 돈을 빨리 되찾나'를 경쟁하는 게임이 시작된다. 따라서 뱅크런 현상이 벌어지는 순간, 해당 은행은 순식간에 망한다.

1914년, 제1차 세계대전이 발발하자 베를린 시민들이
은행으로 몰려들고 있다.

그 많던 은행이 사라진 까닭은?

은행의 핵심 경쟁력이 고객의 신뢰인 이유가 여기에 있다. 대외적으로 조금 불안한 상황이 생기더라도 고객이 은행을 굳게 믿으면('설마 저 은행이 고객 돈을 떼어먹겠어?') 뱅크런 현상은 나타나지 않는다. 반면에 고객의 신뢰가 약한 은행은 조금만 불안한 일이 생겨도 뱅크런으로 존폐의 기로에 선다.

토스뱅크는 2021년 영업을 시작한 우리나라 세 번째 '인터넷전문은행'이다. 이 은행을 창립한 핵심 멤버들은 원래 금융업 출신이 아니었다. 송금을 간편하게 만드는 기술을 개발해 상용화한 IT 기업에서 출발했다. 넓게 보면 송금도 금융의 일부지만, 송금은 은행이 수행하는 종합 금융업의 극히 일부분에 불과하다.

그런 토스뱅크가 출범 1년 반 만인 2023년 3월, 예금을 하면 이자를 '미리' 지급하는 파격적인 상품을 내놓았다가 크게 곤욕을 치렀다. 보통 은행은 예금을 받아 운용한 뒤 그 수익으로 이자를 지급한다. 이자는 시간이 지나야 자연스럽게 지급되는 구조다. 그런데 토스뱅크는 "돈을 맡기면 즉시 연 3.5퍼센트 수준의 6개월 치 이자를 앞당겨 지급"한다고 홍보했으니, 파격으로 보일 수밖에 없었다.

문제는 이 파격이 예상치 못한 불안으로 번졌다는 점이다. 상품이 출시되자 고객들 사이에서 '토스뱅크가 얼마나 급했으면 이런 상품을 만들었을까?'라는 의문이 돌기 시작했고, 이는 곧 '토스뱅크가 위태로운 것 아니냐?'는 소문으로 확산됐다. 금요일에 출시된 상품은 주말 동안 각종 커뮤니티에서 뱅크런 우려를 불러일으켰고 월요일 아침 토스뱅크는 해명문을 내느라 진땀을 뺐다.

이 사건은 정통 금융업과 IT 산업의 차이를 보여 주는 상징적 사례다. 금융업 종사자들은 고객의 신뢰를 해칠 수 있는 작은 행동조차 극도로 조심한다. 신뢰가 무너지면 회복할 시간도 없이 은행이 무너질 수 있다는 사실을 잘 알기 때문이다. 그에 반해 IT 산업은 도전과 혁신을 미덕으로 삼는다. 때로는 기존 질서를 흔들어야 성과가

난다.

문제는 금융업이 그런 파격과 잘 맞지 않는다는 데 있다. 돈을 맡긴 고객은 본질적으로 보수적이고, 은행은 신뢰가 흔들리는 순간 걷잡을 수 없이 위험해진다. 그래서 당시 이 사태를 두고 세간에서는 "IT 출신들이 주도한 토스뱅크가 금융업의 특수성을 아직 충분히 이해하지 못했다."라는 평가가 나왔다.

그래서 전통적인 금융업의 마케팅은 매우 심심하다는 특징을 갖는다. 요즘은 인터넷전문은행이 등장해 가끔 튀는 마케팅도 눈에 보이지만 4대 금융 그룹이라 불리는 KB, 신한, 우리, 하나 금융그룹의 광고는 지루하기 짝이 없다. 재미있게 '나대는' 광고가 고객들에게 신뢰를 주지 않기 때문이다.

특히 우리나라는 1997년 외환위기, 2008년 글로벌 금융위기, 그리고 뒤에서도 자세히 설명할 2011년 저축은행 사태 등을 거치면서 '금융권도 언제든지 망할 수 있다'는 불안감이 매우 큰 나라다. 그리고 금융권에 돈을 맡기는 주요 고객들은 주로 중장년층 고액 예금자나 기업처럼 안정성을 무엇보다도 중시하는 이들이다. 이런 고객들 앞에 '우리 웃기죠? 우리 재미있죠?' 하는 방식으로 접근하면 효과는커녕 반감만 커진다. 재미보다 믿음직함을 훨씬 중요하게 여기는 고객들이니 말이다.

2024년부터 시작된 4대 은행의 대표 광고 카피만 봐도 이런 경향이 명확히 드러난다. KB국민은행의 대표 카피는 "세상을 바꾸는 금융", "KB와 함께 더 나은 내일"이다. 신한은행의 대표 카피는 "미래를 함께 만드는 금융", "디지털을 넘어, 휴먼으로"이다. 하나은행의 대표 카피는 "하나가 되면 가능하다", "손님의 기쁨이 하나의 기쁨입니다"다. 우리은행의 대표 카피는 "함께한 길, 함께할 길", "우리의 금융이 세상을 바꿉니다"다.

냉정히 말해 기억에 남는 게 하나도 없다. 고리타분함마저 느껴질 정도다. '기억에도 안 남는 이런 광고를 뭐 하러 큰돈 들여 하나?' 싶은데 그게 또 그렇지가 않다. 은행은 저런 고리타분한 광고를 계속해야 한다.

비록 광고 카피가 기억나지 않아도 고객들 뇌리에 '아, 내가 돈을 맡긴 은행이 광고를 하고 있구나'라는 이미지를 심어 줘야 하기 때문이다. 광고가 끊기면 고객은 불안해진다. '뭔가 문제가 있나?'라는 작은 의심이 싹튼다. 그리고 그 순간 은행의 위기는 걷잡을 수 없이 커진다.

그렇다면 이런 보수적인 마케팅 외에 은행이 고객의 신뢰를 키우는 다른 좋은 방법은 뭐가 있을까? 고객의 신뢰는 은행의 크기와 직결된다. 왜냐하면 은행의 규모가 클수록 고객은 '저 은행이 설마 내 돈을 떼어먹겠어?'라는 신뢰를 주기 쉽기 때문이다. 은행의 규모가 작으면 고객의 불안은 금세 커진다. 실제로 2011년 몇몇 소형 저축은행의 부실이 밝혀지자, 저축은행에 돈을 맡긴 고객들이 불안을 느껴 대거 예금을 찾아가는 뱅크런이 일어났다. 이 일로 10여 곳의

저축은행이 줄줄이 영업정지 처분을 받는 사태가 벌어졌다.

그런데 만약 문제가 발생한 은행이 소형 저축은행이 아니라 초대형 은행이었다면, 뱅크런은 벌어지지 않았을 가능성이 크다. 몇몇 부실이 밝혀져도, 고객들 사이에는 '설마 저 큰 은행이 내가 맡긴 돈 정도를 못 돌려주겠어?'라는 믿음이 있으니까.

따라서 은행업에서는 사업 규모가 클수록 더 많은 고객을 확보하는 수확체증 현상이 나타난다. 그 때문에 은행들은 쉴 새 없이 덩치를 키운다. 현재 우리나라 4대 시중은행으로 꼽히는 KB국민은행·하나은행·우리은행·신한은행의 역사를 살펴보면 이 말을 금방 이해할 수 있다.

KB국민은행은 2001년 11월 옛 국민은행과 한국주택은행이 합병해 만든 회사다. 그런데 합병 이전까지 옛 국민은행과 한국주택은행은 국내 은행업계에서 랭킹 1·2위를 다투었다. 1위와 2위 은행이 합병하는 초유의 사태가 벌어진 것이다. 이렇게까지 한 까닭은 옛 국민은행과 한국주택은행 모두 '은행의 크기'가 사업의 성패를 가르는 핵심 요소임을 잘 알고 있었기 때문이다.

하나은행은 옛 하나은행과 서울은행·한국외환은행이 합쳐진 은행이다. 우리은행은 한국상업은행·한일은행·평화은행이 합쳐진 은행이고, 신한은행도 옛 신한은행이 동화은행·강원은행·조흥은행 등과 합쳐진 은행이다. 지금은 사라진 조흥은행·한국주택은행·한일은행·한국상업은행·한국외환은행·서울은행 등은 합병 전에도 모두 내로라하는 명성을 지닌 은행들이었는데, 수확체증 효과를 누리기 위해 현재는 거대 은행의 일부가 됐다.

이런 거대 은행을 '메가뱅크mega bank'라고 부른다. 메가뱅크의 등장은 세계적 현상이기도 하다. 금융이 가장 발달한 나라로 평가받는 미국에서도 4대 메가뱅크(JP모건체이스·뱅크오브아메리카·씨티뱅크·웰스파고)가 시장을 장악하고 있다. 일본도 미즈호은행·미쓰비시UFJ은행·미쓰이스미토모은행 등 3대 메가뱅크가 시장을 호령한다. 크면 클수록 고객의 신뢰를 더 많이 얻어 수확체증 효과를 누리는 은행업의 특징이 전 세계적으로 메가뱅크를 양산한 셈이다.

Check Point

수확체증 현상

일반적으로 생산자가 투입하는 자본·노동의 양이 늘수록 실제 생산량 혹은 이윤의 증가폭이 점차 줄어드는 데 반해, 투입량이 늘수록 생산량도 더 빠르게 늘어나는 현상. 주로 IT 및 금융 업계에서 나타난다.

웃자고 한 광고에 죽자고 덤비는 고객이 있다면?

함부로 약속해선 안 된다

"네 손바닥에 화투 한 장 붙어 있다는 것에 내 돈 모두하고 내 손 하나를 걸었다. 넌 뭘 걸래?" 2006년 569만 관중을 모은 영화 〈타짜〉의 악역 아귀(김윤석 분)의 명대사다. 아귀는 도박판에서 고광렬(유해진 분)의 속임수를 알아채곤 그의 팔을 내려친다. 하지만 인과응보라 했던가? 아귀는 고광렬 대신 복수에 나선 주인공 고니(조승우 분)와의 건곤일척 승부에서, 고니가 자신을 속이고 있다는 데 "내 돈 모두하고 내 손모가지를 건다."라고 나섰다가 패한다. 그리고 결국 자신의 손을 잃는다.

여기서 궁금한 점. 위 장면은 영화에서나 벌어질 법한 상황이지만 만약 실제라면 어떨까? ‘내 손 하나를 걸겠다.’라는 것은 말로 한 약속이다. 만약 상대가 이 약속을 안 지키겠다고 나서면 어떻게 할 것인가? 이를 법정으로 끌고 갈 수 있을까? 요컨대 말로 한 약속도 법적인 효력이 있는 걸까?

우리는 보통 말로 한 약속은 쉽게 어겨도 된다고 생각한다. 문서를 작성하고 거기에 서명까지 해야 약속에 법적인 효력이 생긴다고 여기는 것이다. 하지만 놀랍게도 말로 한 약속에도 법적 효력이 있다. 우리나라 민법에는 ‘사적 자치의 원칙(계약 자유의 원칙)’이 작용하는 탓이다. 이는 쉽게 풀이하면 사람끼리 계약을 맺을 때 그 내용과 방식은 당사자끼리 자유롭게 정해도 된다는 뜻이다. 양쪽이 동의만 한다면 말로 한 약속도 얼마든지 법적 효력을 지닌 계약으로 인정받는다. (물론 약속했다고 해서 아귀나 고니처럼 상대의 신체를 훼손하려 들면 안 된다. 그 행위 자체가 불법이기 때문이다.)

그런데도 많은 사람이 종이 혹은 전자문서로 계약서를 작성하는 이유는 말로 한 약속을 입증하기가 쉽지 않기 때문이다. 약속해 놓고도 “난 그런 약속한 적 없는데!” 하고 한쪽이 발뺌할 위험이 있으니까. 그래서 말로 한 약속에는 약속을 입증할 만한 자료(녹음 파일 등)가 필요하다. 예를 들어 갑돌이가 친구 을순이에게 “다음 달 30일까지 내가 10킬로그램을 못 빼면 너한테 10만 원 줄게.”라고 약속했다고 치자. 을순이는 그 말을 녹음해 뒀다. 이때 갑돌이는 다음 달 30일까지 10킬로그램을 못 빼면 10만 원

을 을순이에게 줘야 한다. 만약 주지 않는다면 을순이가 소송을 걸 수 있고, 재판에 넘어가면 십중팔구 갑돌이가 진다. 약속이 이렇게 무섭다.

그래서 나는 글을 쓸 때 절대로 함부로 약속하지 않는다. "이게 이뤄진다는 데 내 전 재산을 건다." 따위의 글은 쓰지 않는다는 이야기다. 대신 이렇게 쓴다. "이게 이뤄진다는 데 내 호주머니에 있는 500원과 네 지갑(내 지갑 아님)을 걸겠다."

웃자고 한 이야기

미국의 다국적기업 펩시코의 콜라 펩시는 만년 2위였다. 무슨 짓을 해도 압도적 1위인 코카콜라컴퍼니의 코카콜라를 따라잡을 수 없었다. 1995년 펩시는 이 난국을 타개하기 위해 기발한 마케팅을 펼쳤다. 이른바 펩시 스터프 Pepsi Stuff.

펩시 스터프는 요즘도 우리가 자주 접하는 일종의 마일리지 마케팅이다. 펩시콜라를 잔뜩 마시면 포인트를 주고, 소비자는 그 포인트를 다양한 경품으로 교환할 수 있다는 내용이었다. 그런데 이 단순한 마케팅이 펩시 측의 안일함 탓에 상상을 초월하는 일로 번졌다. 왜 문제가 됐을까? 그 당시 펩시가 내세운 조건은 이랬다.

**펩시 콜라를 마셔서 모은 포인트로 각종 물건을 살 수 있다는 내용의
펩시 스터프 광고**

※ 펩시콜라 24캔(1상자)당 10포인트를 적립해 준다.

※ 75포인트를 모으면 티셔츠, 175포인트를 모으면 선글라스,
1,450포인트를 모으면 가죽 재킷으로 교환할 수 있다.

※ 15포인트 이상 모으면, 부족한 포인트는 1포인트당 10센트
(1996년 기준 약 80원)로 환산해 현금으로 지불할 수 있다.

여기까지는 아무런 문제가 없어 보인다. 예를 들어 75포인트
짜리 티셔츠를 받고 싶다면 펩시콜라 1.5상자를 산 뒤(15포인트 적
립) 모자라는 60포인트를 600센트, 즉 6달러(1996년 기준 약 4,800원)
로 대체해서 내면 된다. 문제는 펩시가 이 프로젝트를 널리 알리
기 위해 송출한 TV 광고에 "700만 펩시포인트를 모으면 해리어
전투기도 드립니다.(HARRIER FIGHTER—7,000,000 PEPSI POINTS)"라는
문구를 넣은 데 있다.

사실 이는 실현 가능성이 아예 없는 헛소리다. 해리어 전투기

AV-8B Harrier II는 미국 해병대에서 실제로 사용하던 군용기로, 이론적으로는 무장해제 한 경우에 한해 민간인도 돈을 내고 구입할 수 있었다. 하지만 말이 그렇지 민간인이 전투기를 소유해 하늘을 날아다니는 걸 미국 정부가 어찌 보고만 있겠나?

게다가 700만 펩시포인트를 모으려면 무려 1,680만 캔의 콜라를 사야 한다. 하루에 10캔씩 마신다고 쳐도 4,600년 넘게 걸리는 양이다. 마시는 건 여러 사람이 나눠서 마신다 쳐도 1,680만 캔을 어디에다 보관한단 말인가? 펩시도 진심이 아니라 그냥 웃자고 넣은 문구였다는 이야기다.

죽자고 덤벼든 청년

그런데 세상에는 웃자고 한 이야기에 죽자고 덤벼드는 사람이 꼭 있다. 1996년 당시 21세 대학생이던 존 레너드 John D. R. Leonard 가 바로 그 주인공이다. 레너드는 이 마케팅의 허점을 제대로 파고들었다. 그는 해리어 전투기를 사기 위해 꼭 700만 펩시포인트를 다 모을 필요가 없다는 사실을 발견했다.

경품을 타기 위해 필수로 모아야 하는 포인트는 고작 15포인트. 그럼 나머지는 돈으로 내면 그만이다. 즉 해리어 전투기를 얻기 위해서는 콜라 1.5상자를 구매하고 나머지 699만 9,985포인트에 해당하는 69만 9,998.5달러를 내면 된다는 계산이었다.

레너드는 이 아이디어로 투자자들을 찾아가 "70만 달러(당시 기준 약 5억 6,000만 원)만 내면 해리어 전투기를 가질 수 있다."라고 설득했다. 그 당시 해리어 전투기 가격이 3,300만 달러(당시 기준 약 264억 원)에 달했으니 무려 50배 가까이 남는 장사라는 것이 레너드의 설명이었다.

투자자들은 처음엔 '말도 안 되는 소리'라며 고개를 저었다. 하지만 레너드가 "펩시가 TV 광고에서 공식적으로 약속한 것이다. 이를 어길 순 없다."라고 재차 강조하자 투자자들도 마음이 변하기 시작했다. 듣고 보면 틀린 말이 하나도 없지 않은가?

설득에 성공한 레너드는 마침내 목표한 돈을 모았다. 그리고 그는 15펩시포인트와 70만 8.5달러짜리 수표를 펩시 측으로 보냈다. 해리어 전투기를 구매하는 데 필요한 69만 9,998.5달러에 10달러를 더한 금액으로, 10달러는 배송료 명목이었다. 참으로 꼼꼼한 청년 아닌가?

이를 받아 든 펩시는 황당했다. 웃자고 한 이야기에 죽자고 덤벼드는 사람이 있을 줄 상상도 못 한 것이다. 펩시는 장난이라 여기고 수표와 콜라를 레너드에게 돌려보냈다. 하지만 레너드는 즉시 변호사를 고용하며 소송을 걸었다. 소송에서 레너드 측이 내세운 핵심 논리는 이랬다. '약속은 약속이다. 펩시가 TV를 통해 전 국민에게 한 공개적인 약속이므로 이를 지켜야 할 법적 의무가 있다.'

흑역사까지 드러나다

펩시 필리핀 349번 병뚜껑 사건을 다룬 블룸버그 영상

소송은 어떻게 끝났을까? 결론부터 이야기하자면 펩시가 이겼다. "말로 한 약속에도 법적 효력이 있다면서요?"라고 반문할 독자들이 있을 텐데, 그렇다. 원래 이 소송은 존 레너드가 이겨야 했던 소송이다.

이 소송에서 질 경우 펩시는 망할 수밖에 없었다. 3,300만 달러짜리 전투기를 70만 달러에 넘기는 것도 큰 손해지만, 실제로 해리어 전투기를 지급하고 나면 레너드의 사례를 너도나도 따라 할 수 있다는 점이 더 큰 문제였다. 펩시는 그 사태를 감당할 능력이 없었다.

회사의 운명이 걸린 소송에서 펩시는 최고의 변호사들을 고용했다. 막대한 돈을 풀어 정부에 로비도 했다. 결국 미국 국방부는 "민간인이 해리어 전투기를 소유해서는 안 된다."라며 말을 바꿨다. 마침 소송이 열린 곳도 펩시의 '안방'이라 할 수 있는 미국 뉴욕(펩시 본사가 이곳에 있다.)이었고, 판사도 매우 친기업적인 인물이었다.

3년 동안 이어진 이 재판은 1999년 법원이 "펩시는 전투기를 내주지 않아도 된다."라고 판결하면서 레너드의 패배로 끝났다. 판사의 논리는 "광고에서 전투기를 보여 준 것만으로 '그것을 반드시 소비자에게 제공한다'는 계약이 성립한다고 볼 수 없다. 또 70만 달러로 3,300만 달러짜리 전투기를 받는 건 상식적으로 말이 안 된다. 누가 봐도 농담이었으므로 그것을 빌미로 전투기를 달라고 해서는 안 된다."라는 것이었다.

이 판결은 법조계에서 엄청난 비판을 받았다. 지금도 미국 법학 책에 실려 있는 이 케이스를 본 법조인 대부분은 레너드가 이겼어야 하는 재판이라고 입을 모은다. 판결을 받아들이지 못한 레너드가 항소했으나 항소심에서도 결과는 같았고 결국 레너드는 승복했다. 여기에는 두 가지 이유가 있는데 첫째, 투자자들이 이 사건을 더 길게 끌기를 원치 않았고 둘째, 펩시가 레너드에게 은밀히 보상액을 건넸기 때문이다. 그 금액이 얼마인지는 정확히 알려지지 않았으나 레너드는 이 소송으로 꽤 큰 돈을 벌었을 것으로 추정된다.

웃자고 한 이야기에 3년 동안 엄청나게 고생한 펩시는 이후 급히 펩시 스터프의 내용을 바꿨다. 해리어 전투기가 등장하는 광고는 계속 송출됐지만 "농담입니다.(Just Kidding.)"라는 문구가 추가되었으며, 전투기를 받는 데 필요한 포인트도 7억 포인트로 인상됐다.

레너드 사태는 겨우 수습됐으나 문제는 또 있었다. 소송 도중 펩시의 감춰진 흑역사가 드러난 것이다. 1992년 펩시는 필리핀에서 병뚜껑에 찍힌 숫자에 따라 당첨금을 지급하는 행사를 진행한 적이 있다. 100페소(약 2,300원)부터 100만 페소(약 2,500만 원)까지 다양한 상금이 걸린 행사였는데, 공장의 실수로 1등 당첨번호 349번이 적힌 병뚜껑이 무려 80만 개나 시장에 풀렸다.

수만 명이 349번 병뚜껑을 들이밀며 당첨금을 요구했으나 펩시는 이를 거부했고, 화난 당첨자들은 펩시 트럭을 불태우고 펩시 공장에 수류탄을 던지기도 했다. 이 흑역사가 공개되면서 펩시는 전 세계적인 망신을 당했다.

마케팅을 할 때 아무리 대중의 이목을 끌고 싶어도 실현할 수 없는 일을 함부로 약속해서는 안 된다. 마케팅 당사자는 웃자고 한 이야기였겠으나, 여기에 죽자고 달려드는 사람이 꼭 있기 마련이다. 그 여파는 이렇듯 상상을 초월할 수 있다.

2부.

소비자 심리
마음의 작동 원리를 읽어라

'궁금해 죽겠지?' 전략으로 정상에 오르다

칼리굴라 효과와 티저 광고

스트라이샌드의 실수

바브라 스트라이샌드Barbra Streisand는 미국의 유명 가수이자 배우다. 그런데 엉뚱하게도 경제학에 그의 이름을 딴 '스트라이샌드 효과 Streisand effect'라는 용어가 있다. 이야기의 출발점은 이렇다. 2002년 케네스 애들먼Kenneth Adelman이라는 사진작가가 캘리포니아 해안을 사진으로 찍는 프로젝트를 진행했다. 이 프로젝트는 캘리포니아 해안이 얼마나 침식되는지를 기록으로 남기기 위한 작업으로, 주정부의 지원을 받았다. 애들먼은 해안 사진을 1만 2,000컷이나 찍어 픽토피아닷컴이라는 웹사이트에 올렸다.

그런데 여기서 갑자기 스트라이샌드가 등장했다. 스트라이샌드가 애들먼과 픽토피아닷컴을 상대로 소송을 건 것이다. 사이트에 올라온 사진 가운데 자기 집이 찍힌 게 있어 사생활을 침해받았다는 이유에서였다. 전혀 이해 못 할 일은 아니다. 그의 집은 엄연한 사적 공간이기 때문이다. 허락도 받지 않고 내 집 사진을 누군가가 찍어 인터넷에 올린다면 나라도 기분이 안 좋을 것 같다.

하지만 애들먼 쪽은 "사진을 내릴 수 없다."라며 강경하게 버텼다. 애들먼이 내세운 입장은 ① 일단 스트라이샌드 집을 찍으려는 의도가 없었고, ② 사진에 스트라이샌드 집이라고 밝히지도 않았으며, ③ 그 사진들은 해안침식을 기록하기 위한 공익적 목적에서 찍게 됐다는 것이었다.

결국 이 논쟁은 무려 5,000만 달러(약 550억 원)짜리 초대형 소송으로 번졌다. 그렇다면 사생활보호를 중요한 가치로 생각하는 미국에서 스트라이샌드는 승리를 거머쥐었을까? 안타깝게도(!) 스트라이샌드는 소송에서 패배했다. 법원이 애들먼의 손을 들어 준 것이다. 스트라이샌드는 승리하긴커녕 애들먼의 변호사 비용 15만 5,567 달러(약 1억 7,000만 원)까지 물어 주게 됐다.

문제는 여기서 그치지 않았다. 소송 직후 그 사진의 조회 수가 폭발적으로 늘었기 때문이다. 소송 전 픽토피아닷컴에 올라온 저택 사진의 다운로드 수는 고작 여섯 건에 불과했다. 심지어 이 여섯 건

삭제가 거부된 바브라 스트라이샌드의 해안 저택 사진

가운데 두 건은 스트라이샌드의 변호사가 소송 준비를 위해 내려받은 것이었다.

사실 말이야 바른말이지 캘리포니아 해안침식 사진을 굳이 찾아볼 사람이 얼마나 되겠는가? 게다가 무려 1만 2,000컷이나 되는 사진 가운데 스트라이샌드 저택이 찍힌 한 장의 사진을 유심히 볼 사람은 사실상 없는 것이나 마찬가지였다. 그런데 스트라이샌드가 소송을 걸었다는 이야기가 전해지자 '도대체 집이 얼마나 으리으리하기에?'라는 궁금증이 폭발했고, 단 한 달 만에 사진 다운로드 수는 42만 건으로 폭증했다.

이런 현상을 설명하기 위해 만들어진 용어가 '스트라이샌드 효과'다. 스트라이샌드 효과란 '자신에게 불리한 콘텐츠를 온라인에서 삭제하려고 하면 할수록 그 콘텐츠가 더 큰 이슈가 된다'는 뜻이다. 더 쉽게 표현해 '하지 말라고 하면 더 하고 싶고, 못 보게 하면 더 보고 싶은 청개구리 심보'라고나 할까?

청개구리 심리가 반영된 칼리굴라 효과

예를 들어 보자. 길을 걷는데 담벼락에 작은 구멍이 나 있다. 그 구멍 위에 적힌 글귀 한 줄. '절대 들여다보지 마시오!' 여러분은 이 구멍을 들여다보겠는가, 아니면 참고 지나가겠는가? 짐작건대 대부분은 구멍을 들여다보게 될 것이다.

사실 '절대 들여다보지 마시오!'라는 경고만 붙어 있지 않다면 그 구멍을 들여다볼 사람은 거의 없다. 바빠 죽겠는데 담벼락에 난 구멍이 뭔 대수라고 일일이 들여다본단 말인가? 하지만 '절대 들여다보지 마시오!'라는 문구 하나로 모든 상황이 바뀐다. 안 들여다보고 지나가기에는 너무 궁금하지 않나? 사람에게는 묘한 청개구리 심리가 있어서 '하지 마, 하지 말라고!'라며 강요받을수록 하지 않고선 못 배긴다.

그렇다면 이런 심리를 마케팅에 활용할 수는 없을까? 이에 걸맞은 마케팅 이론이 '칼리굴라 효과Caligula effect'다. 하지 말라고 할수록 더 하고 싶은 것이 사람 심리라면 '제발 보지 마세요.'라거나 '절대

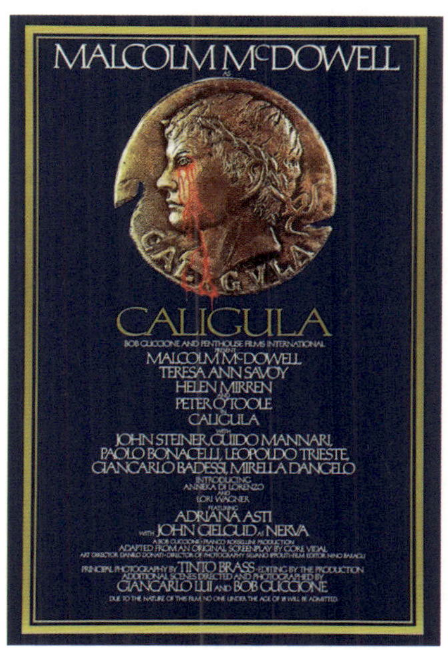

1979년 영화 〈칼리굴라〉의 포스터

사지 마세요.'라고 금지했을 때 되레 마케팅에 더 효과가 있지 않겠느냐는 발상이다.

'칼리굴라'는 로마의 제3대 황제 가이우스Gaius의 생애를 다룬 영화 제목에서 따왔다. 1979년에 제작된 영화인데, 성적인 묘사와 잔인한 장면이 많아서 미국 보스턴시가 상영을 금지했다. 그런데 예나 지금이나, 미국이나 한국이나 못 보게 하면 더 보고 싶어지는 것이 사람의 심리다. 영화 상영이 금지되자 '도대체 얼마나 잔인하고 야

하기에 상영 금지까지 됐어?'라는 궁금증으로 오히려 사람들이 〈칼리굴라〉를 보러 몰려갔다. 결국 보스턴 밖의 도시에서 〈칼리굴라〉는 큰 인기를 끌며 영화 역사에 길이 남을 화제작이 됐다는 이야기!

'궁금해 죽겠지?' 심리를 이용하다

이후 수많은 기업이 칼리굴라 효과를 노린 전략을 사용하기 시작했다. 남녀 모두 사용할 수 있는 로션에 굳이 '여자만의 비밀, 남자는 절대 쓰지 마세요.'라는 문구를 넣거나 공포 영화 선전 포스터에 '심장이 약한 사람은 절대 관람하지 마시오!'라고 경고문을 써 붙인 것이다. 소비자로선 저런 광고 문구가 붙은 공포 영화를 그냥 지나치면 왠지 내 심장이 약한 것을 인정하는 듯한 기분마저 드니 안 볼 영화도 보게 된다.

정치권에 전해 내려오는 야사 중에도 궁금증의 위력을 잘 보여주는 사례가 있다. 1970년대 어떤 야당 유력 정치인의 비서는 기자들이 모여 있을 때마다 보스의 귓가에 다가가, 입을 손으로 가린 채 뭔가를 속삭였다고 한다. 그 속삭임이 무슨 내용인지 기자들이 얼마나 궁금해 했겠나? 하지만 비서는 속삭임의 내용을 절대 공개하지 않았다.

어느 날 한 기자가 최대한 가까이 달라붙어 그 속삭임을 몰래 들으면서 마침내 비밀이 풀렸다. 기자에 따르면 비서가 보스에게 속삭

인 말은 "총재님, 오늘 저녁은 추어탕으로 준비할까요? 된장찌개로 준비할까요?"였단다.

이 또한 궁금증을 이용한 일종의 칼리굴라 마케팅이다. 마케팅 덕인지는 몰라도 그 비서는 기자들의 주목을 받으며('총재와 저런 밀담을 나누는 걸 보니 정말 최측근인가 봐!') 나중에 국회의원까지 몇 번 지낸 꽤 유력한 정치인의 자리에 올랐다.

카멜의 티저 광고와 '선영아 사랑해'

궁금증을 이용해 역사적인 성공을 거둔 또 다른 마케팅 사례가 있다. 1913년 미국의 주요 신문에 "CAMELS"라는 글자와 함께 웬 낙타가 덩그러니 그려진 광고가 실렸다. 사람들은 '이게 대체 무슨 그림이야?'라며 수군거렸다. 다음 날에는 같은 그림에 "낙타들이 온다!"라는 글귀가 나타나더니, 그다음 날에는 "바로 내일, 아시아와 아프리카를 합친 것보다 많은 낙타가 나타난다."라는 설명이 더해졌다. 그리고 마지막 날, 모두가 주목하는 가운데 낙타 로고가 그려진 담뱃갑이 광고에 등장했다. 나흘에 걸쳐 파노라마처럼 펼쳐진 이 과정은 담배 브랜드 '카멜Camel'의 광고였던 것이다.

그 당시 신문은 기업의 가장 중요한 광고 수단이었다. 신문에 광고를 실으려면 당연히 꽤 많은 돈을 내야 했다. 이러니 상식적으로 광고주들로선 최대한 지면을 아껴 하나의 광고란에 하고 싶은 말을

1913년 출시된 카멜 담배의 신문 광고

빼곡히 채우는 게 이익이라 여겼다.

하지만 카멜은 그렇게 하지 않았다. 나흘 치 광고 지면을 미리 사들인 카멜은 아리송한 낙타 그림에서 시작해 궁금증을 자극하는 글귀들로 사람들의 관심을 끌어모았다. 이 광고는 그야말로 히트를 쳤고, 카멜은 단숨에 미국 담배 시장에서 46퍼센트의 점유율을 차지했다.

광고계의 혁명으로 불린 이 광고는 '티저 광고teaser advertising'의 선구적 사례로 꼽힌다. '애태우다'라는 뜻의 영단어 'tease'에서 비롯된

티저 광고는, 말 그대로 사람들을 애태우는 광고다. 하고 싶은 말을 즉시 하는 게 아니라, 도대체 무슨 말을 하려는지 당최 감을 못 잡게 만드는 전략이 티저 광고의 핵심이다. 만약 신문에 대뜸 담뱃갑 그림과 구구절절한 설명을 실었다면 그냥 지나쳤을 소비자도 갑자기 낙타들이 온다는 문구를 보고는 '이게 도대체 뭐야?'라며 애를 태운다. 이 궁금증이 소비자들의 시선을 끄는 강력한 무기가 된다.

한국에도 비슷한 사례가 도입된 바 있다. 2000년 3월 서울 도심 곳곳과 지하철 및 버스에 뜬금없이 '선영아 사랑해'라는 문구가 붙은 것이다. 그 문구를 본 사람들의 반응은 가히 폭발적이었다. 오죽하면 궁금증을 참지 못한 사람들이 서울지하철공사(현재 서울교통공사)에다가 "선영이가 누구냐?"라는 문의 전화를 끊임없이 하는 바람에, 담당자들의 업무가 마비될 지경이었다고 한다. 심지어 그해 4월 국회의원 선거에 출마한 배선영이라는 후보는 "이 문구에 나를 음해하려는 의도가 있다."라며 경찰에 수사를 의뢰했을 정도다.

하지만 나중에 그 문구는 결혼, 육아, 재테크 등에 관한 정보를 제공하는 여성 전문 포털 사이트 '마이클럽'의 홍보 광고임이 드러났다. 비록 마이클럽은 2020년 서비스를 종료했지만 '선영아 사랑해' 광고는 소비자의 궁금증을 제대로 이용한 마케팅의 대표적 사례로 계속 기억되고 있다.

인간의 호기심은 여느 동물과 다르다. 동물의 호기심은 오로지 생존을 위한 것으로 '새로운 이 물건이 나에게 안전한가, 아닌가?'에만 관심을 둔다. 하지만 인간의 호기심은 진보와 발전을 위해 발휘된다. 생각해 보라. 인간이 안전한 것에만 호기심을 보였더라면, 어찌 배를 타고 대륙을 이동하는 일과 하늘을 나는 일에 도전했겠는가? 인간을 '호기심의 동물'이라고 부르는 이유다.

사람들에게 나를 널리 알리고 싶다면 '저는 이런 사람입니다.'라고 구구절절 설명하기보다 '쟤 뭐지?' 하는 호기심을 자극하는 편이 더 훌륭한 방법일지 모른다. 궁금증을 일으키는 대상에 인간은 더 큰 관심을 두기 때문이다.

Check Point

칼리굴라 효과

하지 말라는 일을 더 하고 싶어 하게 되는 현상을 가리키는 마케팅 용어로, 상영 금지 처분을 받았던 1979년 미국 영화 〈칼리굴라〉가 대중의 호기심을 자극했던 데서 유래한 이름이다.

티저 광고

의도적으로 상품에 관련된 정보를 숨김으로써 관심을 끌고자 하는 광고 방식.

명품 매장 한가운데 제일 비싼 핸드백이 걸린 이유

미끼 효과와 앵커링 효과

호모에코노미쿠스와 행동경제학의 등장

주류 경제학에서는 인간을 '호모에코노미쿠스$^{homo\ economicus}$'라는 용어로 정의한다. 이 말은 '매우 과학적이고 이성적이며 계산적이어서 언제나 자기에게 가장 유리한 방향으로 선택하는 인간'이란 뜻이다. 따라서 인간이 호모에코노미쿠스라면 물건을 살 때도 항상 자신에게 유리한 구매를 하게 마련이다.

하지만 과연 그런가? 예를 들어 백화점에 들렀다가 마음에 드는 10만 원짜리 물건을 발견했다고 치자. 인간이 호모에코노미쿠스라면 절대 그 물건을 충동구매 하지 않는다. 그 대신 호모에코노미쿠스는 '예쁘기는 한데, 저 물건이 나에게 줄 만족이 얼마나 될까? 그 만족이 과연 내가 지불하는 10만 원의 가치를 할까?'부터 고민한다. 또 인터넷을 이용해 다른 쇼핑몰에서 그 물건을 얼마에 파는지 꼼꼼히 비교한다. 이 모든 상황을 종합한 뒤 나에게 가장 알맞은 선택을 하는 것이 호모에코노미쿠스의 행동 원칙이다.

그런데 세상일이 꼭 이렇게만 돌아가던가? 일단 지름신(!)이 강림하면 많은 사람은 복잡한 생각을 멈추고 충동구매에 나선다. 물론 다음 날 내가 산 물건과 똑같은 제품이 인터넷에서 저렴한 가격에 팔리는 것을 보고 땅을 치지만!

알다시피 인간은 호모에코노미쿠스가 아니다. 인간은 합리적인 선택만 하진 않으며, 매우 자주 멍청하고 아둔한 선택을 한다. '인간이 왜 경제학적으로 아둔한 선택을 하는지'를 연구하는 학문이 바로 행동경제학이다. '인간은 이성적이고 합리적'이라는 주류 경제학으론 이해하기 어려운 현상을 설명해 내는 학문인 것이다.

앞서 2장에서도 언급했지만 '행동경제학의 아버지'로 불리며 2002년 노벨 경제학상을 수상한 대니얼 카너먼은 인간이 생각할 때 두 가지 시스템을 가동한다고 설명한다. 바로 '깊이 숙고하기'와 '대충 생각하기'다.

'깊이 숙고하기'가 가동될 때 인간은 호모에코노미쿠스가 된다. 반면에 '대충 생각하기'가 가동되면, 인간은 인터넷에서 8만 원으로

행동경제학의 아버지, 대니얼 카너먼

살 수 있는 것을 백화점에서 10만 원 주고 사는 '호갱님'이 된다. 그리고 카너먼에 따르면 (안타깝게도) 인간은 깊이 숙고하기보다 대충 생각하기를 훨씬 선호하는 동물이다.

'인간이 대충 생각하는 동물'이라는 사실은 마케팅에 어마어마한 영향을 미쳤다. 만약 인간이 깊이 숙고하기만 하는 호모에코노미쿠스라면 마케팅은 학문으로 발전할 여지조차 없었을 테다. 왜냐하면 소비자들이 너무 똑똑하고 합리적이어서, 마케팅을 아무리 그럴싸하게 해도 현혹되지 않을 것이기 때문이다.

하지만 인간은 대충 생각하는 동물이다. 이런 특성 덕분에 마케팅이 설 자리가 생겼다. 마케팅은 대충 생각하는 습관을 최대한 활용해 소비자가 사고 싶지 않았던 물건, 별로 필요하지 않았던 물건도 판다.

인간은 비교하는 동물이다

미끼 효과decoy effect라는 행동경제학 용어가 있다. 이 용어는 '인간은 비교를 매우 좋아하는 동물'이라는 점을 전제한다. 그런 성향 탓에 인간은 종종 멍청한 선택을 한다. 예를 들어 미남 아이돌 진과 뷔의 사진이 있다고 치자. 이 두 사진을 사람들에게 보여 주면서 "누가 더 잘생겼나요?"라고 물어보면 당연히 답이 갈린다. 진 50퍼센트 대 뷔 50퍼센트로 답이 갈렸다고 가정하자.

이번에는 세 장의 사진을 준비한다. ① 진, ② 뷔, ③ (진 사진을 포토샵으로 가공해 못생기게 만든) 가짜 진 사진이다. 그런데 세 장의 사진을 보여 주면서 "누가 제일 잘생겼나요?"라고 물어보면 답이 처음과는 상당히 달라진다. 조금 전까지 '① 진 50퍼센트 대 ② 뷔 50퍼센트'로 팽팽하게 갈렸던 답이 ③ 못생긴 가짜 진이 등장하는 순간 '① 진 75퍼센트 대 ② 뷔 25퍼센트'로 바뀐다. 갑자기 진이 압승하게 되는 것이다.

왜 이런 일이 벌어질까? 진와 뷔 사이에 '못생긴 가짜 진'이 끼어드는 바람에, 사람들이 자연스럽게 진짜 진과 가짜 진을 비교하게 되었기 때문이다. 당연한 이야기지만 진짜 진은 못생긴 가짜 진보다

훨씬 잘생겼다. 이런 대비가 영향을 미쳐서 진짜 진은 실제보다도 더더욱 잘생겨 보이게 된다.

마찬가지로 뷔를 승자로 만들고 싶다면 ① 진, ② 뷔에다가 ③ 못생긴 가짜 뷔 사진을 끼워 넣으면 된다. 그러면 사람들은 진짜 뷔와 못생긴 가짜 뷔를 자연스럽게 비교하고, 진짜 뷔의 눈부신 미모에 감탄하며 ② 뷔에게 표를 던진다. 못생긴 가짜 뷔가 '미끼'가 돼 진짜 뷔를 빛나게 하는 것이다. 이런 현상을 가리키는 용어의 이름이 미끼 효과인 이유다.

여담이지만 미팅 나갈 때도 미끼 효과를 이용할 수 있다. 많은 사람이 미팅 나갈 때 자기보다 못생긴 동료와 동행하고 싶어 하는데, 이건 100점짜리 정답이 아니다. 100점짜리 정답은 '나랑 닮았는데 묘하게 나보다 못생긴 사람'과 나가는 것이다. 그냥 못생긴 사람보다, 나와 닮았는데 못생긴 사람이 비교가 더 잘돼 나를 돋보이게 만든다.

만약 그런 사람을 못 찾았는데도 친구들이 자꾸 나한테 미팅을 함께 나가자고 한다면? 이때는 상황을 심각하게 받아들여야 한다. 내가 그들과 비슷하게 생겼으나 그들보다 못생겼을 확률이 높기 때문이다. 친구들에게 인기가 많아서 미팅 제안을 받는 게 아니란 말이다!

구매의 기준점을 제시하라

미끼를 이용해 사람들을 현혹하는 마케팅 사례를 살펴보자. 행동경제학에는 앵커링 효과anchoring effect라는 용어가 있다. 조금 어려운 말로 '준거점 의존성'이라고 부르기도 한다. 앵커anchor는 배에서 사용하는 닻을 말한다. 배는 정박할 때 닻을 내린다. 이때 닻은 바닷속 어딘가에 박혀 배를 고정한다. 즉 앵커는 배가 정지하는 기준점인 셈이다.

그런데 앵커가 외부에서 주어지면 사람들에게 착각을 불러일으킨다. 사람들은 그 기준점을 중심으로 잘못된 판단을 하기 쉽다. 예를 들어 백화점 명품 매장에 가 보면 제일 잘 보이는 곳에 수천만 원짜리 핸드백이 진열돼 있다. 솔직히 아무리 명품이라고 해도 핸드백 하나에 수천만 원은 좀 과한 것 아닌가? 핸드백이 트랜스포머로 변신하지 않고서야!

사실 수천만 원짜리 핸드백은 일종의 미끼이자 속임수다. 이 핸드백은 팔려고 내놓은 게 아니라, 가게를 찾는 고객들에게 하나의 기준점(앵커)을 제시하려고 진열해 놓은 것이다. 비싼 핸드백을 본 고객들은 '와, 핸드백 하나에 3,000만 원? 엄청 비싸네.'라는 생각을 품는다. 그리고 주위에 진열된 수백만 원짜리 핸드백을 보고서 '3,000만 원에 비하면 이건 엄청 싸네!'라며 감탄한다. 이들은 호갱이 된 줄도 모르고 카드를 박박 긁는다. 이게 바로 앵커링 효과의 위

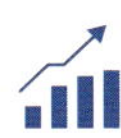

앵커링 효과를 적극 활용하는 쇼핑몰의 명품 매장

력이다.

다음 사례는 어떨까? 어떤 언론사가 정기 구독자를 모으면서 구독자에게 세 가지 옵션을 제시했다고 하자.

① 매월 5,000원 내고 언론사 온라인 사이트 무료로 이용하기
② 매월 1만 원 내고 종이 신문 무료로 받아 보기
③ 매월 1만 원 내고 언론사 온라인 사이트 무료로 이용하기 + 종이 신문 무료로 받아 보기

여러분이라면 무엇을 고르겠는가? 아마 대부분은 '③ 매월 1만 원 내고 언론사 온라인 사이트 무료로 이용하기 + 종이 신문 무료로

받아 보기'를 선택할 테다. 왜냐하면 ③이 '② 매월 1만 원 내고 종이 신문 무료로 받아 보기'보다 훨씬 좋아 보이기 때문이다. 같은 값을 내는데 종이 신문에 온라인 사이트 무료 이용권까지 얹어 주니 말이다.

실제로 미국의 경제학자인 댄 애리얼리Dan Ariely가 100명의 학생을 상대로 똑같은 질문을 던진 적이 있다. 그 결과 '① 매월 5,000원 내고 언론사 온라인 사이트 무료로 이용하기'를 택한 학생은 16명, '③ 매월 1만 원 내고 언론사 온라인 사이트 무료로 이용하기 + 종이 신문 무료로 받아 보기'를 고른 학생은 84명이었다. 예상대로 ③을 선택한 이가 가장 많았다. 반면에 '② 매월 1만 원 내고 종이 신문 무료로 받아 보기'를 고른 학생은 아무도 없었다. ②를 선택하느니 똑같은 구독료에 온라인 사이트 무료 이용권까지 주는 ③을 선택하는 게 훨씬 합리적이라고 판단했기 때문이다. 하지만 이게 바로 마케팅의 속임수다.

아무도 선택하지 않은 ②를 빼고 ①과 ③만으로 다시 질문을 던지자 답이 완전히 바뀌었다. '5,000원을 내고 온라인 사이트 무료이용권만 받느냐, 1만 원을 내고 온오프라인을 동시에 이용하느냐?' 이 두 가지 선택지만 남기고 질문을 던지니 사람들은 '5,000원을 내고 온라인 사이트만 이용할까? 아니면 그 곱절인 1만 원을 내고 종이 신문까지 받아 볼까?' 하며 진지하게 고민했다. 그제야 사람들은 5,000원과 1만 원의 가격 차이를 실감하고 꼼꼼히 비교하는 호모에

코노미쿠스가 됐다.

그리고 많은 사람이 '요즘 누가 종이 신문을 보냐? 종이 신문 때문에 1만 원을 낸다고? 그냥 5,000원만 내고 온라인 사이트만 이용할래.'라고 생각했다. 그 결과 ①을 고르는 사람은 무려 68명으로 늘어났고(처음에는 16명이었는데!) ③을 선택하는 사람은 32명으로 급감했다(처음엔 무려 84명이었는데!).

여기서 미끼이자 앵커 역할을 한 선택지가 바로 '② 매월 1만 원 내고 종이 신문 무료로 받아 보기'다. 그 항목을 넣은 언론사 또한 아무도 ②를 고르지 않으리라는 사실을 잘 알았다. 같은 값이라면 '③ 매월 1만 원 내고 언론사 온라인 사이트 무료로 이용하기 + 종이 신문 무료로 받아 보기'를 선택하는 게 당연하니까!

하지만 언론사는 아무짝에도 쓸모없는 ②를 슬쩍 끼워 넣음으로써 ③을 훨씬 싸 보이도록 설계했다. 이에 원래 5,000원만 내고 온라인판만 이용하려 했던 고객들조차 ②라는 미끼에 낚여 ③을 골랐다. 더 많은 금액을 지불하도록 만드는 마케팅은 이렇게 완성됐다.

미끼 효과와 앵커링 효과는 소비자의 이성을 마비시킨다. 만약 당신이 500만 원짜리 핸드백이 싸 보여 덜컥 구입한 뒤 "내가 이걸 얼마나 싸게 샀는지 알아? 매장에 비슷한 품질의 3,000만 원짜리 핸드백이 있었는데 이건 그 가방의 6분의 1 가격이라고!"라며 주위에 자랑하고 다닌다면? 당신은 현명한 소비자가 아니라, 미끼에 보기 좋게 낚인 호갱님이다. 호갱이 되지 않으려면 대니얼 카너먼이 이야기한 '깊이 숙고하기' 시스템을 잘 가동해야 한다. 마케팅은 '대충 생각하기' 시스템의 빈틈을 늘 노리기 때문이다.

Check Point

미끼 효과

두 가지 비슷한 선택지 A와 B가 있을 때, 그중 B와 닮았으면서도 확실히 열등한 B'를 일종의 미끼로 제시하면 자연스럽게 B의 선호도가 올라가는 현상.

앵커링 효과

처음 접한 어떤 정보가 마음속에서 닻과 같이 작용하여 이후의 선택들에 큰 영향을 미치게 되는 현상.

올인클루시브, 여행의 새로운 장을 열다

지불 분리의 오류

인간은 대충 생각하는 동물

노벨 경제학상 수상자 대니얼 카너먼은 인간이 생각할 때 두 가지 시스템을 가동한다고 설명한다. 첫 번째 시스템은 앞에서도 소개했던 휴리스틱, 즉 '대충 생각하기'이고, 두 번째 시스템은 '깊이 숙고하기'다.

예를 들어 '5 곱하기 8은?'이라는 문제를 풀 때 진짜로 5와 8을 곱하는 사람은 아무도 없다. 초등학생 때 외운 구구단을 이용해 '오 팔은 40'이라고 손쉽게 답한다. 이게 바로 대충 생각하기 시스템의 예시이다.

반면에 '346 더하기 719는?'이라는 문제를 풀 때는 머릿속에서 깊이 숙고하기 시스템이 가동된다. 346 + 719의 답이 1,065라는 사실을 암기하는 사람은 없기 때문이다. 고백하자면 나도 혹시 답이 틀릴까 봐 346 + 719를 두 번이나 계산기로 확인했다.

문제는 대부분의 사람이 깊이 숙고하기보다 대충 생각하기 시스템을 훨씬 많이 가동한다는 데 있다. 뇌가 편하기 때문이다. 생각해 보라. 세상만사 모든 일에 깊이 숙고하기 시스템을 가동한다면 뇌가 얼마나 피곤하겠나? 그래서 뇌는 대충 생각해도 될 것 같은 대목에서는 최대한 대충 생각한다.

다시 예를 들어 보자. 놀이공원에서 우리는 대개 자유이용권을 구입한다. 요즘은 자유이용권만 파는 놀이공원도 꽤 많다. 그런데 가끔 이런 생각이 들 때가 있다. '과연 자유이용권을 산 게 현명한 행동이었을까?' 가령 사람이 엄청 많은 날 아무 생각 없이 자유이용권을 구입했는데 막상 놀이기구는 두세 개밖에 못 탔다고 치자. 그러면 '그냥 입장권만 끊고 들어가서 탈 때마다 돈 내는 편이 더 싸게 먹혔겠는데?'라는 후회가 밀려온다. 실제로 계산해 보면 자유이용권을 사는 게 확실히 금전적으로 손해가 난다.

그런데도 대다수 사람은 미리 꼼꼼히 계산하지 않고 '평소처럼 자유이용권 끊고 들어가지 뭐.' 하며 대충 생각한다. 이런 일까지 꼼꼼히 생각하기에는 뇌가 너무 피곤한 것이다. 그래서 카너먼은 "이런 오류를 피하기 위해 인간은 끝없이 깊이 숙고하기 시스템을 가동하는 연습을 해야 한다."라고 조언한다. 마케팅은 사람들의 대충 생각하는 습관을 교묘하게 파고들기 때문이다.

정액제와 종량제, 무엇이 유리할까?

패키지여행도 이런 마케팅 전략의 하나다. 여행사에서는 매우 싼 가격에 패키지여행 상품을 판 다음 관광객들을 쇼핑센터로 끌고 다니며 돈을 벌곤 한다. 그런데 그것 말고 '올인클루시브all-inclusive'라는 이름으로 팔리는 여행 상품이 있다.

올인클루시브란 '다 포함됐음'이라는 뜻인데, 주로 대형 리조트가 이런 상품을 많이 판다. 올인클루시브를 선택한 관광객은 출발하기 전 여행 경비 전액을 한꺼번에 낸다. 이러면 비행기 티켓을 포함한 교통편은 물론, 숙박과 식사가 제공되며 리조트 안의 놀이기구도 몽땅 무료로 이용할 수 있다. 리조트 안에서 아무 식당에나 들어가 밥을 먹어도 돈을 안 낸다. 와~ 엄청 편하고 좋을 것 같다!

그런데 이것도 깊이 숙고하기 시스템을 가동해 보면 의심이 든다. 과연 더 싼 것일까? 그때그때 돈을 내는 편이 오히려 더 싸지 않을까? 하지만 대부분 사람은 그런 의심을 버리고 그냥 올인클루시브 상품에 몇백만 원을 덜컥 낸다.

상품을 구입한 뒤 돈을 지불하는 방식은 '정액제'와 '종량제'로

숙박과 함께 식사, 즐길 거리, 교통편을 모두 제공하는
여행 상품인 올인클루시브

나뉜다. 정액제는 올인클루시브나 자유이용권처럼 정해진 돈을 한 번에 낸 뒤(미리 내건 나중에 내건 상관없다.) 마음껏 소비하는 방식이다. 반면에 종량제는 그때그때 쓰는 만큼 지불하는 방식이다. 종량이라는 말 자체가 '좇을 종從에 헤아릴 량量', 즉 '사용하는 만큼 헤아려 따른다'는 의미다.

그렇다면 소비자 입장에선 어떤 방식이 유리할까? 일반화하기는 어렵지만, 대략 계산해 보면 정액제가 소비자에게 결코 유리하지 않다. 그때그때 돈을 따로 내는 종량제가 대체로 더 유리하다는 뜻이다. 그도 그럴 것이 정액제가 소비자에게 유리하다면 에버랜드나 롯데월드 같은 놀이공원에서 왜 자유이용권만 집중적으로 팔겠나? 설마 소비자들을 위해서? 그럴 리가!

하지만 사람들은 정액제를 이용하면서 오히려 더 행복해한다. 손해를 보면서도 오히려 이익을 얻었다고 생각하는 것이다. 그래서 마케팅에서는 이를 '정액제의 마술'이라고 부른다.

고통을 분리하고 싶어 하는 심리

소비자들은 왜 이렇게 손해 보는 짓을 할까? 대니얼 카너먼은 이를 '지불 분리payment decoupling의 오류'라는, 다소 생소하게 들리는 용어로 설명한다.

쉽게 이야기하면 이렇다. 사람이 돈 내고 물건을 살 때는 행복과 불행이 교차하게 마련이다. 원하던 물건이 내 손에 들어오는 것은 매우 큰 행복이다. 하지만 그 물건을 손에 넣기 위해 지갑에서 돈을 꺼내는 것은 매우 큰 불행으로 다가온다.

합리적 소비자라면 돈을 쓸 때마다 행복과 불행의 크기를 꼼꼼히 비교해야 한다. '물건을 얻는 행복이 돈을 내는 불행보다 크면 물건을 사고, 반대라면 물건을 사지 않는다.' 이렇게 생각하는 것이 깊이 숙고하기 시스템이다.

그런데 안타깝게도 인간은 그렇게 깊이 생각하지 않는다. 인간의 마음에는 원초적으로 지불 분리 심리가 존재한다. 행복을 얻으려면 당연히 그에 상응하는 대가를 지불하는 불행을 감수해야 하는데, 불행이 시간 차를 두고 나중에 다가온다면? 사람은 그 불행을 대충 잊어버린다.

예를 들어 100만 원짜리 스마트폰을 살 때 당장 지갑에서 100만 원이 나가면, 즉시 100만 원만큼 불행해진다. 그런데 100만 원을 지불하는 불행을 지금이 아니라 1년 뒤로 미뤄 놓으면? 돈을 지불하는 불행의 시점이 스마트폰을 얻는 행복의 시점과 분리된다. 이때 사람들은 지불의 고통을 훨씬 덜 느낀다. 뇌가 일종의 착각을 하는 셈인데, 이런 착각 탓에 지불을 자꾸 행복과 분리하려는 심리가 생겨난다.

놀이공원에서 자유이용권을 사는 이유도 그와 같다. 모처럼 놀이공원에 갔는데 기구를 탈 때마다 돈을 낸다고 생각해 보라. 한 시간에 한 번씩 불행을 맛봐야 한다. 이러면 즐거울 수가 없다. 그런데 입장할 때 목돈을 한번 확 쓰면(물론 이때는 많이 불행하다.) 그 뒤로는 탈 때마다 돈을 내지 않아도 된다. 지불을 분리했기 때문에 이제는 행복을 즐길 일만 남았다.

가족을 데리고 난생처음 해외여행을 갔는데 밥 먹을 때마다 돈을 써야 하고, 어디 갈 때마다 입장료를 내야 한다면 행복해야 할 여행이 매시간 돈을 쓰면서 불행해진다. 이를 피하는 방법은 한 번에 돈을 왕창 내는 것이다.

이렇게 소비와 지불을 분리하면 사람은 마취에 걸린 듯 여행을 행복하게 즐긴다. 행동경제학자들이 소비자에게 "종량제와 정액제 가운데 무엇을 선택할 것인가?"라고 물으면 백발백중 올인클루시브 같은 정액제 상품의 선호도가 훨씬 높게 나타나는 까닭이다.

지불 분리 경향을 이용해 더 많은 돈을 쓰게 하는 대표적 사례가 신용카드다. 소비할 때마다 지갑에서 돈이 빠져나가면 사람들은 그 고통을 이겨 내지 못하고 절약을 선택한다. 하지만 신용카드를 쓰면 소비의 행복과 지불의 고통이 분리된다. 카드를 긁어도 당장 지갑에서 돈이 나가진 않으니까! 그러고는 월말에 카드 명세서가 날아오면 땅을 치고 후회한다. 하지만 후회도 잠시, 다음 달이 되면 또 다시 지불 분리의 오류에 빠져 열심히 카드를 긁는 내 모습을 발견할 수 있다.

전 세계 곳곳에 리조트를 보유한 여행업체 '클럽메드Club Med'는 올인클루시브 전략을 최초로 구사한 회사로 꼽힌다. 클럽메드는 리조트를 찾은 고객에게 숙박과 식사는 물론, 각종 레저 활동까지 모조리 '무료'로 제공한다. 그런데 과연 그게 정말 무료일까? 당연히 아니다. 충분히 비싼 요금을 미리 다 받았다. 지불 분리를 원하는 고객의 마음을 정확하게 꿰뚫은 것이다. 그 덕에 클럽메드는 단번에 세계적인 리조트 회사로 성장했다.

요즘은 클럽메드를 흉내 낸 올인클루시브 리조트가 늘어나 경쟁이 치열해졌다. 이는 그만큼 지불 분리 성향을 이용한 마케팅이 성

올인클루시브 상품을 최초로 선보인 클럽메드의 1961년 홍보 엽서

공적이었다는 의미다. 결국 올인클루시브나 자유이용권, 신용카드 등은 인간의 비합리적인 지불 분리 경향을 이용해 과소비를 조장하는 무시무시한 마케팅 기술인 셈이다.

정점과 종점의 법칙

여행 이야기가 나왔으니 인간의 대충 생각하기 시스템을 이용한 또 다른 마케팅 기술을 하나 더 소개하고자 한다. 대니얼 카너먼에 따르면 인간은 행복과 고통을 정확히 측정하거나 기억할 수 없다. 대충 생각하기를 일상화했기 때문이다. 그래서 인간은 자신의 경험을

기억할 때 몇 가지 포인트만 겨우 생각해 낸다. 이에 착안해 카너먼은 통계분석으로 두 가지 사실을 발견했다.

첫째, 기억 형성에 큰 영향을 미치는 요소는 '행복의 총량'이 아니라 '가장 행복했던 순간'이다. 여행 기간 내내 적당히 즐거웠던 사람보다, 여행 내내 별로였다가 딱 한 순간 너무 행복했던 사람이 그 여행을 훨씬 좋게 기억한다. 카너먼은 이를 '정점의 법칙'이라고 부른다.

둘째, '마지막 순간'이 기억에 큰 영향을 끼친다. 여행 내내 좋았는데 마지막 순간에 비행기가 연착돼 개고생한 사람은 결론적으로 그 여행을 최악으로 기억할 가능성이 크다. 반면에 여행 내내 별로였다가 마지막 순간 너무 멋진 장면을 봤다면 대부분은 '그때 여행 너무 좋았어.'라고 기억한다. 카너먼은 이를 '종점의 법칙'이라 일컫는다.

여행사들은 특히 마지막 날 일정에 매우 많은 신경을 쓴다. 여행 내내 별로였어도 마지막 날 최고의 순간을 제공받으면 고객은 최고의 순간(정점)과 마지막 순간(종점)의 행복만을 기억하며 그 여행 프로그램을 극찬한다.

혹시 사랑하는 연인과 (나중에라도) 여행을 가게 되면 꼭 참고하시라. 적당히 괜찮은 일정 여러 개를 잡기보다 임팩트 있는 단 한 순간을 계획하는 것이 훨씬 중요하다. 특히 여행의 맨 마지막 순간을 멋지게 마무리해야 한다. 근사한 선물과 함께 로맨틱한 고백을 준비

했다면, 아무 때나 하지 말고 제발 여행 마지막 순간에 그 고백을 선
사하라! 마케팅 이론을 잘 활용하면 여행은 더 아름답게 기억될 것
이다.

지불 분리의 오류

어떤 상품을 소비하고 즐기는 시기와 그에 대한 비용을 지불하는
시기가 멀리 떨어져 있으면, 지불 금액에 대해 비교적 둔감해지
게 되는 현상.

사탕과 껌이 마트 계산대 앞에 있는 이유는?

넛지

팔꿈치로 찌르듯 살짝 유도하다

에스컬레이터 타는 곳 옆에 "계단을 이용하면 건강해집니다."라는 문구가 보일 때가 있다. 당연히 에스컬레이터를 타는 것보다 계단을 오르내리는 게 건강에 도움이 된다. 그런데 그런 문구를 보고서 '맞아, 계단으로 가면 건강에 좋지.'라고 생각하며 계단을 이용한 적 있는가? 아마 거의 없을 것이다. 사람들이 에스컬레이터를 타는 까닭은 계단 이용이 건강에 좋다는 사실을 몰라서가 아니라, 에스컬레이터가 훨씬 편하기 때문이다.

그렇다면 이런 방법은 어떤가? 계단 하나를 밟을 때마다 노래가 나오거나 계단 빛깔이 변하도록 하는 것이다. 그렇게 하면 상황이 바로 달라진다. 사람들이 계단을 더 많이 이용하게 된다. 왜? 재미있으니까!

2017년 노벨 경제학상을 수상한 미국 시카고대학교 교수 리처드 세일러Richard H. Thaler는 '넛지nudge'라는 용어로 유명하다. 넛지란 원래 '팔꿈치로 슬쩍 찌르다' 혹은 '주의를 환기하다'라는 뜻이다. 그런데 세일러는 넛지를 '사람들의 선택을 유도하는 부드러운 개입'이라고 새롭게 정의했다. "건강을 위해 계단을 이용하세요!"라고 직접적으로 말하기보다, 계단 오르내리기를 재미있게 만들어 자연스럽게 계단 이용을 유도하는 방법이 훨씬 더 효과적이다. 세일러는 넛지야말로 인간의 행동을 바꿀 결정적 힘을 지닌다고 역설했다.

예를 하나 더 살펴보자. 이 글을 읽는 남성 독자들은 공중화장실 소변기 정중앙에 파리 한 마리가 그려져 있는 것을 본 적 있을 테다. 도대체 파리를 왜 그려 놓은 걸까? 놀랍게도 파리 그림의 기능은 소변이 변기 밖으로 튀지 않도록 하는 것이다.

남성 이용자들이 조준(!)을 제대로 하지 않아 소변이 여기저기 튀는 일은 전 세계적으로 문제인 모양이다. 이 문제를 해결하고자 소변기 위에 "소변 흘리지 마세요!"라고 아무리 적어 놔도 별 소용이 없다. 머리를 약간 쓴 문구가 "남자가 흘리지 말아야 할 것은 눈물만이 아닙니다."인데, 이 문구도 결국 "소변 흘리지 마세요!"라는

말의 변형이다. 이렇게 직접적으로 말하는 방법은 의외로 효과가 거의 없다.

직접적인 문구를 쓰는 대신 소변기 정중앙에 파리를 그려 놓으면 상황이 변한다. 말하기 좀 민망하지만, 대부분 남성은 어릴 때 소변으로 무언가 조준하는 놀이를 한 경험이 있다. 소변으로 뭔가를 맞히면 그게 그렇게 뿌듯하다! 파리 그림은 남성의 이런 경험을 교묘히 이용한다. 소변기 정중앙에 파리 그림이 떡하니 있으면 남자들은 무의식중에 소변을 그 그림에 조준한다. 실험 결과, 놀랍게도 파리 그림 하나만으로 소변기 밖으로 튀는 오줌을 80퍼센트 이상 줄일 수 있었다. 소변기의 파리 그림은 넛지의 대표적인 사례다.

인간은 호모사피엔스일 뿐이다!

이쯤 되면 궁금증이 생긴다. "무슨 이야기인지는 알겠는데 튀는 오줌 좀 줄였다고 노벨 경제학상까지 줄 필요 있나?"라는 의문 말이다. 당연히 리처드 세일러가 튀는 오줌 좀 줄였다고 해서 노벨 경제학상을 받은 건 아니다. 세일러가 말하는 넛지의 본질은 다른 곳에 있다.

앞에서도 살펴보았듯 현대 주류 경제학은 인간을 호모에코노미쿠스, 즉 합리적이고 이기적이며 매우 정확한 계산을 하는 존재로 전제한다. 인간은 어떤 상황에서도 정확한 계산을 바탕으로 정교하게 움직인다는 주장이다.

하지만 조금만 생각해 보면 이 주장에 허점이 매우 많다는 사실을 금세 알 수 있다. 인간은 그다지 합리적이고 계산적이며 정확한 존재가 아니기 때문이다. 예를 들어 밥 먹을 때 '어떤 반찬을 집어 먹어야 효용이 극대화되나?'를 번개같이 계산하는 사람은 거의 없다. 나만 해도 '김치를 먹을 때 효용이 7, 된장찌개를 먹을 때 효용이 6이니까 지금은 김치를 먼저 먹는 것이 합리적 선택이지.'라고 생각한 적이 한 번도 없다. 인간이 호모에코노미쿠스라는 주장에 대해 세일러는 이렇게 이야기했다.

경제학 서적을 들춰 보면, 호모에코노미쿠스는 알베르트 아인

넛지를 행동경제학 용어로 정립한 리처드 세일러

슈타인처럼 사고하고 IBM 컴퓨터처럼 뛰어난 기억 용량을 갖고 있으며 마하트마 간디와 같은 의지력을 발휘할 수 있는 존재처럼 느껴진다. 물론 그런 사람들이 있기는 하다. 하지만 대부분의 사람들은 그렇지 않다. 우리는 계산기가 없으면 복잡한 나눗셈을 할 때 어려움을 겪고, 종종 배우자의 생일을 잊어버리며, 새해 벽두부터 숙취로 머리를 쥐어뜯는다. 우리는 호모에코노미쿠스가 아니라 그저 호모사피엔스일 뿐이다.

무척 공감 가는 이야기다. 세일러의 지적처럼 우리는 경제적 인간이 아니라 지극히 평범한 사람이다. 인간이 모든 행동을 계산에 따라 정확하게 할 순 없다. 그래서 세일러는 인간이 바람직한 행동을 하게 하려면 제삼자가 개입해야 한다고 주장한다. 다만 강압적인 방식보다 부드럽게 개입하는 넛지가 훨씬 효율적이라고 말한다.

아무렇게나 배치하는 게 아니다

넛지는 물건을 파는 백화점이나 마트에서 매출을 올리는 데도 유용한 수단이다. 쇼핑할 때 우리는 얇은 지갑 사정을 감안해 '오늘은 꼭 충동구매를 하지 말고 필요한 물건만 사야지.'라고 결심한다. 하지만 결심대로 잘 안된다. 백화점이나 마트가 사람들이 충동구매를 하도록 부드럽게(!) 유도하기에 그렇다.

혹시 백화점에서 엘리베이터를 이용한 경험이 있는가? '당연히 있지.'라며 대충 생각하지 말고 곰곰이 기억을 되살려 보길 바란다. 잘 생각해 보면 백화점에서 엘리베이터를 탄 기억은 별로 없을 것이다. 백화점의 엘리베이터는 대부분 찾기 힘든 구석에 처박혀 있기 때문이다. 그 대신 백화점 한가운데에는 에스컬레이터가 떡하니 자리 잡고 있다.

왜 엘리베이터 대신 에스컬레이터를 한가운데에 배치했을까? 그 이유는 간단하다. 엘리베이터를 타고 목적하는 층까지 한 번에 휙 가지 말고, 에스컬레이터로 천천히 오르내리며 최대한 여기저기

많이 둘러보라는 뜻이다. 이처럼 부드럽게 유도하는 넛지가 "고객님! 2층도 들러 보시고요, 3층도 들러 보시고요, 4층에서는 세일하니까 꼭 빼먹지 말고 들러 보세요."라고 직접 부탁하는 것보다 훨씬 효과적이다.

한발 더 나아가 보자. 고객들이 주로 에스컬레이터를 이용하기 때문에 백화점 입장에선 에스컬레이터 주변이 최고의 명당이다. 바로 이곳에 백화점에서 미는 상품을 집중적으로 배치한다. 그것도 에스컬레이터 왼쪽보다는 정면이나 오른쪽에! 에스컬레이터에서 내린 고객들은 무의식중에 왼쪽보다 오른쪽으로 발걸음을 옮기는 경향이 있기 때문이다. 생각해 보면 상당히 그럴싸한 이야기다.

또 한 가지. 같은 오른쪽이라도 내려오는 쪽보다 올라가는 쪽 에스컬레이터 주변에 백화점의 주력상품이 더 많이 배치된다. 이것도 매우 일리 있는 넛지다. 쇼핑을 마치고 내려오는('어휴, 오늘 많이 샀다. 더 이상 사지 말아야지!'라고 결심한) 고객보다, 지금부터 뭔가를 사려고 잔뜩 들떠서 올라가는 고객을 공략하는 게 더 유리하기 때문이다.

그렇다면 값비싼 명품을 파는 매장은 어디에 배치하는 것이 최선일까? 백화점 건물 구조에 따라 조금씩 다르긴 하지만, 보통은 백화점 1층이나 유동인구가 가장 많은 정문 쪽 또는 전체 전경이 잘 보이는 위치에 명품 매장을 둔다. 또한 VIP 주차장과 백화점 건물 사이에 연결 통로가 있는 곳이라면, VIP 주차장 통로 앞이 최적의 장소다. 구매력 있는 고객의 시선을 최대한 끌어야 하기 때문이다.

지갑을 여는 진열의 마법

"진열은 과학이다."라는 말이 있다. 상품을 어떻게 진열하느냐에 따라 매출 규모가 달라지기 때문이다. 가령 대형 마트에 들어가면 매장 입구 가까이에는 항상 계절 과일이 전시돼 있다. 과일은 계절마다 품목이 바뀐다. 어느 날 마트에 갔는데 싱싱한 수박이 진열돼 있으면, 고객들은 '여름이 왔구나.'라고 느낀다. 계절감은 자연스럽게 구매욕을 자극한다. 이것도 넛지를 이용한 마케팅이다.

마트에는 여러 단으로 구성된 높고 기다란 매대가 꽤 많다. 물건을 사려고 마트를 돌아다닐 때 사람들은 매대 하나하나를 다 살피는 게 아니라, 매대 바깥쪽 통로를 걸어가며 '이 매대엔 뭐가 있나?' 하고 전체적으로 구경한다. 바로 그때 눈에 가장 잘 띄는 곳이 매대의 양쪽 끝이다. 여기가 백화점으로 치면 에스컬레이터 오른쪽에 해당하는 명당이다. 이곳에 마트가 미는 상품을 집중적으로 진열한다.

상품끼리의 매치도 중요하다. 과거 한 대형 마트는 기저귀 매대 주변에 맥주를 진열해 대박을 터뜨렸다. 기저귀는 부피가 커서 보통 아빠들이 많이 집어 간다. 그리고 맥주는 아빠들의 입맛을 다시게 한다. '우유-시리얼, 생선회-소주, 라면-양은냄비' 같은 식으로 짝을 잘 찾아 배치하면 매출이 크게 늘어난다.

마트 계산대 앞에 아이들이 좋아할 법한 껌이나 사탕, 음료수를 배치하는 데도 이유가 있다. 첫 번째는 아이들이 "이거 사 줘!"

대형 마트가 아닌 편의점에서도 계산대 앞에 작은 간식거리들이
진열되어 있는 것을 볼 수 있다.

라고 조를 기회를 (마트를 떠나기 전에) 마지막으로 주기 위해서다. 그
리고 두 번째는 계산대 앞에 선 부모의 조급한 마음('계산만 마치면 집
에 갈 수 있어!')을 이용하려는 까닭이다. 쇼핑으로 지친 부모는 고작
1,000~2,000원짜리 물건으로 아이들과 실랑이를 벌이고 싶지 않을
확률이 높다.

'에이, 그게 얼마나 효과 있겠어?'라는 의구심을 품는다면 넛지
를 너무 얕잡아 보는 것이다. 소변기 안에 파리 한 마리만 그려 놓아
도 튀는 오줌이 80퍼센트나 줄어드는 게 현실이다. 실제로 넛지를
효율적으로 활용하기 위해 마트나 백화점 등 대형 유통업체들은 소

비자의 동선과 상품 진열 방식을 연구하는 인력만 수십 명씩 두기도 한다.

합리적 소비자가 되고 싶다면 유통업체들의 넛지를 절대 얕잡아봐서는 안 된다. 만약 백화점이나 마트에서 진열된 상품에 나도 모르게 손이 갔다면? 유통업체의 넛지에 걸렸을 확률이 높다. 그럴 때일수록 상품을 집으려는 손을 멈추고, 오늘 내가 무엇을 사기로 했는지 처음 계획을 돌아보자. 나의 지갑을 충동구매로부터 보호하려면 침착함과 깊이 숙고하는 습관이 반드시 필요하다.

Check Point

넛지

행동경제학 용어로, 상대의 행동을 원하는 방향으로 자연스럽게 유도하기 위한 부드러운 개입을 가리킨다. 소변기 중앙의 파리 그림이나 트럭 화물칸 뒷면 눈 모양 스티커가 대표적인 예다.

왜 구호단체 직원들은 길거리에서 설문 조사를 할까?

문전 걸치기 기법

스티커 한 장만 붙여 주세요!

길을 걷다가 유명한 아동 구호단체의 유니폼을 입은 사람들로부터 "스티커 한 장만 붙여 주세요!"라는 요청을 받은 경험이 있는가? 직접 경험하지는 않았더라도, 길거리 또는 지하철역에서 그런 요청을 하는 사람들을 본 기억은 날 것이다.

그런데 '그게 뭐 어려운 일이라고?' 하며 스티커를 붙이기 전에, 생각해 봐야 할 점이 있다. "스티커 한 장만 붙여 주세요!"라는 요청은 사실 '문전 걸치기 기법foot-in-the-door technique'이라는 유명한 마케팅 전략이기 때문이다.

별생각 없이 스티커를 붙이면 그때부터 상대는 "아, 이곳에 투표하셨군요. 사실 많은 분이 같은 곳에 투표해요. 이 투표의 의미는 말이죠….".라며 숨 쉴 틈도 없이 속사포 랩을 쏟아 낸다. 이어서 세계 각국 어려운 어린이들의 처지에 관한 설명을 늘어놓는다. 마음이 뭉클해질 때쯤, 갑자기 그들은 내 앞에 정기 후원자가 돼 달라는 요청서를 불쑥 내놓는다. '어, 나는 정기 후원까지 할 생각은 없었는데!'라고 후회해도 이미 늦었다. 경험해 본 사람은 알겠지만, 이쯤 되면 거절하기가 정말 어렵다. 그래서 결국 '그래, 좋은 일 하는 건데 뭐.' 하는 생각으로 정기 후원 요청서에 계좌번호를 적는다. 우리는 종종 그렇게 '조금 이상한 경로'를 통해 이웃을 돕는 일에 참여한다.

1966년 미국 스탠퍼드대학교 소속의 두 심리학자 조너선 프리드먼Jonathan L. Freedman과 스콧 프레이저Scott C. Fraser가 「압박 없는 복종: 문전 걸치기 기법Compliance without pressure: The foot-in-the-door technique」이라는 유명한 논문을 발표했다. 이후 문전 걸치기 기법은 심리학과 행동경제학, 그리고 마케팅 이론에 지대한 영향을 미쳤다. 문전 걸치기 기법의 요지는 이렇다. 처음부터 묵직한 부탁을 들이미는 방식보다, 누구나 들어줄 수 있는 쉬운 부탁으로 시작해 점차 큰 부탁을 하는 것이 승낙받을 확률을 높인다는 것이다.

연구 팀은 두 그룹의 가정주부에게 부탁을 했다. A 그룹의 주부에게는 전화로 "당신 집에 있는 가정용품에 대해 알고 싶은데, 남자

대여섯 명이 방문해 두 시간 정도 집을 살펴봐도 될까요?"라고 물었다. 이런 부탁을 과연 누가 들어줄까? 모르는 남자 대여섯 명이 들이닥쳐 두 시간 동안 집을 뒤지는 일을 허락할 사람은 그리 많지 않을 것이다.

한편 B 그룹의 주부에게는 집에서 사용하는 가정용품에 대한 간단한 질문 몇 가지를 던졌다. 예를 들면 "전화기 색깔이 뭔가요?" 혹은 "하루에 전화기를 몇 번 사용하나요?" 같은 질문 말이다. 이건 답하기 어려운 질문이 아니다. 당연히 많은 응답자가 비교적 순순히 답을 내놓았다. 답을 들은 연구 팀은 일단 전화를 끊고, 사흘 뒤에 다시 전화를 걸었다. 그리고 A 그룹의 주부에게 던진 질문, 즉 모르는 남자 대여섯 명이 들이닥쳐 두 시간 동안 집을 뒤져도 괜찮은지를 B 그룹 응답자에게 물어봤다.

놀랍게도 B 그룹 주부가 남자들의 방문을 수락할 확률은 A 그룹보다 무려 갑절이나 높은 것으로 나타났다. 도대체 왜 이런 일이 벌어졌을까? 차이점은 하나였다. A 그룹의 주부에게는 어려운 부탁을 바로 했지만, B 그룹 주부에겐 쉬운 부탁을 먼저 하고("전화기 색깔 좀 알려 주세요.") 사흘이 지난 뒤 비로소 어려운 부탁을 했다는 것이다. 즉 쉬운 부탁을 들어준 사람은 어려운 부탁도 들어줄 확률이 높다는 이야기다.

일관성을 지키려다가 벌어지는 일

이처럼 처음부터 남의 방에 들어가겠다고 온몸을 한꺼번에 들이미는 것보다(이러면 "뭔데! 왜 남의 방에 막 들어와?"라는 핀잔을 듣는다.), 먼저 방 안에 한 발만 살포시 걸친 뒤 얼굴을 살짝 들이밀며 가벼운 부탁("지우개 좀 빌려줄래?")부터 하는 것이 더 유리하다. 일단 그 단계에서 허락을 받으면 "그럼 네 방에 좀 들어가도 돼? 지우개 받으려고." 하며 다음 단계로 나아갈 수 있다. 이러면 상대는 백이면 백 "뭐 해? 빨리 들어와."라며 출입을 허락한다.

왜 그런 일이 벌어질까? 사람에겐 일관성을 지키려는 습성이 있기 때문이다. 사람은 일관성을 매우 중시한다. 삶의 태도가 왔다 갔다 하는 것을 대부분 꺼린다는 뜻이다. 그래서 작은 부탁을 한번 들어주면 '일관성'을 지키고자 부담스러운 부탁도 들어줄 가능성이 커진다.

일관성을 마케팅에 활용하면 기대 이상의 성과를 거둘 수 있다. 예를 들어, 남의 집 마당에 "어려운 아동을 도웁시다."라는 팻말을 세우려 한다고 해 보자. 이때 집주인에게 전화를 걸어 "선생님 집 마당에 불우 아동 돕기 표지판을 좀 설치해도 될까요?"라고 물으면, 대부분은 화를 내거나 정색한다("우리 집 마당이 공터요? 왜 남의 집 마당을 마음대로 쓰려고 해?"). 실제 실험을 해 보면 이 같은 제안에 동의하는 사람은 고작 10퍼센트 정도다.

그런데 이렇게 대뜸 요청하지 말고 "선생님, 저희가 불우 아동 돕기 서명을 받습니다. 서명 좀 해 주시겠어요."라는 가벼운 부탁부터 하면 결과가 달라진다. 말이야 바른말이지, 서명하는 건 어렵지 않다. 게다가 어려운 아동을 돕는, 좋은 일이라는데!

집주인이 서명해 주면, 문전 걸치기는 이미 성공한 것이나 다름 없다. 며칠 뒤 전화를 걸어 "선생님, 지난번에 서명받은 사람입니다. 선생님 집 마당에 불우 아동 돕기 표지판을 좀 설치해도 될까요?"라고 물으면 무려 90퍼센트가 동의한다. 서명한 집주인의 마음속엔 일관성을 지키려는 본능이 자리 잡았기 때문이다.

막으려면 첫발부터 막아야 한다

문전 걸치기 기법은 남에게 당하면 매우 아픈데, 내가 사용하면 무척 유용하다. 꼭 마케팅이 아니더라도 일상생활에서 이 전략을 요긴하게 사용할 수 있다.

회의를 소집해야 할 일이 생겼다고 가정해 보자. 그런데 여러 사정상 회의를 매우 이른 시간인 오전 7시에 열어야 한다. 실험해 보면, 동료들에게 "내일 오전 7시에 회의할 겁니다. 어때요?"라고 물었을 때 찬성하는 사람은 24퍼센트밖에 안 된다. (나는 이 요청에 찬성한 24퍼센트가 더 이상하다고 생각한다. 대체 누가 오전 7시부터 회의를 한단 말인가!)

그런데 이런 상황에도 문안에 한 발을 먼저 걸치면 결과가 달라

진다. 처음부터 다짜고짜 "오전 7시에 회의합시다." 하지 말고, 일
단 "우리 내일 회의할까요? 다들 괜찮나요?"라고 먼저 물어보자. "내
일 오전 7시에 회의할까요?"라는 부탁과 "내일 회의할까요?"라는 부
탁은 부담의 강도가 전혀 다르다. 후자는 전자보다 훨씬 받아들이
기 쉬운 부탁이다. 많은 사람이 후자의 부탁에 동의하면(문전 걸치기
성공!) 이때 비로소 "내일 오전 7시 어때요?"라고 본론으로 들어가면
된다. 그러면 찬성률이 무려 56퍼센트로 치솟는다.

길거리에서 마음에 드는 사람을 만나 그에게 다가갈 때도 이 전
략은 유용하다. 프랑스 브르타뉴쉬드대학교 경영대학원의 니콜라
게겐Nicolas Guéguen 교수는 남성이 길거리에서 만난 여성에게 "술 한잔
함께합시다."라고 청한 뒤 승낙을 받아 내는 비율을 조사했다. 실험
에 참여한 남성들은 300명 이상의 여성에게 접근했는데, 첫 번째 그
룹은 다짜고짜 "나는 당신이 마음에 들어요. 우리 술 한잔 같이할 수
있을까요?"라고 청했다. 이 경우 성공 확률이 불과 3퍼센트였다.

두 번째 그룹은 문전 걸치기 기법을 사용했다. "저, 길 좀 물어볼
수 있을까요?"라는 가벼운 청탁으로 시작한 것이다. 상대방이 길을
가르쳐 주면, 이때부터 슬슬 작업(!)을 걸며 술 한잔 함께하기를 청
했다. 이 기법을 사용했을 때 성공 확률은 16퍼센트로 높아졌다. 만
족스러운 수치는 아니겠지만, 그래도 '직진'할 때보다 무려 5배 넘는
기회를 얻을 수 있었다는 이야기다.

문전 걸치기 기법은 특히 방문판매원들이 많이 사용한다. 누군

가 초인종을 누른 뒤 "사지 않아도 괜찮으니 제 설명만 한번 들어 보세요."라고 청한다면, 정말 조심해야 한다. 상식적으로 생각해 보라. 방문판매원은 물건을 파는 사람인데, 고객이 사지 않아도 괜찮을 리가 없다. 그런데도 이 말에 넘어가 문을 열어 준다면 판매원은 문전 걸치기에 성공한 것이다. 문을 열어 달라는 부탁을 들어준 사람은 "10개를 한꺼번에 구매하면 1개를 덤으로 드립니다!"라는 판매원의 설득에 넘어갈 확률이 높다.

『설득의 심리학』(1984)의 저자인 미국 애리조나주립대학교 심리
마케팅학과 명예교수 로버트 치알디니Robert B. Cialdini가 우리에게 전하
는 경고다. 비록 오늘날 쇼핑 환경의 변화로 방문판매 행위 자체는
거의 사라졌지만, 길거리 호객 행위나 온라인 광고 등에 문전 걸치
기 기법을 사용하는 경우가 여전히 많다. '이 정도는 괜찮겠지.' 혹은
'이 정도는 들어줘도 되겠지.'라며 상대방이 내 자아 안에 한 발 들
여놓는 것을 허락하는 순간, 그 뒤를 감당하기가 매우 어려워진다.
거절할 작정이면 처음부터 거절하는 것이, 문전 걸치기 기법에 당하
지 않는 최선의 방법이다.

Check Point

문전 걸치기 기법

판매에 성공하기 위해서 일단 상대의 현관문 안에 발을 들이는
기법으로, 작은 부탁을 한번 들어준 뒤에는 큰 부탁도 거절하기
어려워지는 심리를 이용하는 마케팅 전략이다.

에르메스는 왜 재고를 남김없이 불태울까?

베블런 효과와 스노브 효과

시장이 꼭 효율적인 것은 아니다

주류 경제학을 지탱하는 중요한 전제 조건이 두 가지 있다. 하나는 '인간은 합리적이며 계산적인 존재'라는 것이고, 다른 하나는 '시장은 효율적'이라는 것이다. 이 가운데 '시장이 효율적'이라는 말의 의미는 다음과 같다.

이론적으로 시장에서는 가격의 변화에 따라 수요와 공급이 정확하게 변동한다. 예를 들어 가격이 비정상적으로 오르면 수요가 줄어들고('비싸니까 안 사.') 공급이 늘어난다('비싸게 팔 수 있으니 많이 만들어야

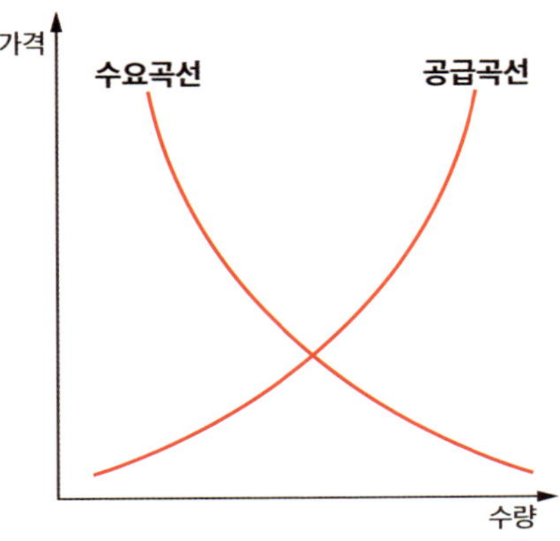

상품의 가격과 수요 및 공급 사이의 관계를 나타내는 수요 공급 곡선

졌네.'). 사려는 사람은 줄어들고 팔려는 물건은 남아돌기 때문에 가격이 정상 수준으로 떨어진다. 반대의 경우도 마찬가지다. 가격이 비정상적으로 내리면 수요가 늘어나고('싼 맛에 사야겠다.') 공급이 줄어든다('이 가격에 팔아서 뭐 해.'). 내렸던 가격은 다시 정상 수준으로 올라간다. 그러므로 시장에서 형성되는 가격은 언제나 합리적이고 정상적이며, 시장에선 언제나 물건이 수요와 공급에 맞게 효율적으로 거래된다.

그런데 시장은 정말 효율적인가? 세상이 돌아가는 모습을 보면 주류 경제학의 전제는 허망하리만큼 자주 허점을 드러낸다. 예를 들어 보자. 미국의 한 편의점은 만든 지 24시간이 지난 도넛은 모두 버린다. 유통기한이 지나지 않아 충분히 팔 수 있지만, 고객들에게 가

장 신선한 도넛을 제공하겠다는 취지로 이런 전략을 사용한다. 한편 아프리카의 어느 빈민촌에는 24시간은커녕 24일 지난 도넛조차 구할 수 없어서 굶어 죽는 사람이 있다.

그렇다면 궁금해진다. 만든 지 하루 만에 버리는 도넛을 빈민촌의 굶주린 사람들에게 보내 주면 되지 않을까? 하지만 사정이 여의치 않다. 도넛을 아프리카까지 보내려면 당연히 돈이 든다. 편의점 측은 도넛을 보내는 데 돈을 들이느니 차라리 버리는 게 훨씬 경제적이라고 생각한다. 돈을 벌어야 한다는 관점에서 최선의 선택을 한 것이므로 편의점 측을 탓할 순 없다.

결과를 놓고 생각해 보자. 이 상황이 과연 효율적인가? 한쪽에선 먹을 수 있는 도넛을 버리는데, 다른 한쪽에선 도넛 부스러기도 먹지 못해 굶어 죽는 것을 '효율'이라고 부를 수 있을까?

한쪽에선 오픈런, 다른 한쪽에선 재고 소각

예를 하나 더 들어 보자. '오픈런open run'이라는 용어가 있다. 특정 물건을 사려는 사람이 너무 많아서, 매장 문이 열리자마자 사람들이 우르르 몰려가 물건을 집는 현상을 뜻한다. 물건을 사려고 심지어 며칠 전부터 밤새우며 줄을 서는 사람도 부지기수다. 요즘엔 온라인 거래가 활발해져 이런 일이 드물지만, 아직도 오픈런이 기승을 부리는 영역이 있다. 바로 명품 브랜드에서 신상품을 출시하는 경우다.

다음은 '명품 오픈런' 관련 기사들이다.

「일상이 된 '명품 오픈런'… "일단 지르고 본다"」
(《한국경제》 2021년 6월 8일 자)
「가격 올려도 또 산다… "오픈런에 제품 수령 대기 4개월"」
(《뉴시스》 2025년 2월 8일 자)
「"샤넬, 오늘이 제일 싸다"… 명품 가격 올라도 '오픈런', 왜?」
(《노컷뉴스》 2026년 1월 15일 자)

유튜버들도 앞다퉈 오픈런 대열에 합류했다. 한 유명 유튜버는 아내에게 선물할 가방을 사기 위해 이른 아침부터 '샤넬 오픈런'에 직접 참여하기도 했다. 백화점은 오전 10시 30분에 문을 열지만, 그는 오전 7시 30분부터 줄을 섰다. 이 영상의 조회 수는 두 달 만에 150만 회를 넘겼다.

명품 오픈런 현상은 주류 경제학의 가장 중요한 전제인 '수요와 공급의 법칙'에 어긋난다. 고객들이 밤새워 줄을 서서라도 물건을 사려 한다는 것은 수요가 폭증했다는 이야기다. 그러면 당연히 가격이 뛰고 자연히 공급도 늘어야 한다. 그다음에는 공급이 늘어남에 따라 가격이 다시 떨어져야 정상이다. 하지만 명품 브랜드의 제품은 수요가 많아지고 가격이 올라도(이때까지는 주류 경제학의 법칙에 잘 맞는다.) 공급은 늘지 않는다. 거기서부터 주류 경제학의 법칙에 어긋나기 시작한다.

홍콩 침사추이의 한 명품 매장 앞에 줄을 서서
입장 순서를 기다리는 쇼핑객들

그런데 더 충격적인 사실이 있다. 명품 브랜드들이 이미 만들어
놓은 물건을 정기적으로 불태운다는 것이다. 실로 놀랍지 않은가?
물건을 더 만들어 팔아도 모자랄 판에, 있는 물건을 태워 버린다니!

2021년 〈MBC 뉴스데스크〉가 보도한 「"싸게 파느니 태워 버
려"… 가격 올리고 안 팔리면 소각」은 명품 브랜드 '에르메스'와 '루
이비통'이 재고를 불태운다는 내용이었다. 특히 에르메스는 이런 정
책을 오래전부터 확고히 유지해 온 것으로 업계에서 유명한데, 일
례로 2009년 《조선비즈》가 보도한 기사 제목은 '에르메스 재고품은
1년에 두 번 불탄다'였다.

베블런 효과와 스노브 효과

왜 그런 일이 벌어질까? 이 문제를 해석하는 두 가지 경제학 이론이 있다. 하나는 미국 경제학자 소스타인 베블런^{Thorstein B. Veblen}의 이름을 딴 '베블런 효과^{Veblen effect}'다. 베블런은 '자본주의사회에는 아무 일도 안 하고 놀고먹는 금수저 계급이 반드시 존재한다'고 분석했다. 그는 이런 금수저들을 '유한계급^{有閑階級}'이라고 불렀다. 유한계급이란 '한계가 있는^{有限} 계급'이라는 뜻이 아니고 '매우 한가^{閑暇}한 계급'이란 의미다. 영어로는 '레저클래스^{leisure class}'라고 한다.

문제는 '부모 잘 만나 평생 놀고먹는 유한계급이, 열심히 일해야 먹고살 수 있는 일반인들과 달라 보이고 싶어 안달한다'는 점에 있다. 일반인들과 똑같은 옷을 입고, 똑같은 가방을 들고 다닌다면 금수저라는 티가 안 날 것 아닌가? 그래서 유한계급은 일반인이 쉽사리 살 수 없는 비싼 명품을 걸치고 다닌다.

이렇다 보니 명품의 가격은 일반적인 경제학 법칙과 다르게 움직인다. 유한계급은 품질이 뛰어난 제품보다는, 가격이 너무 비싸서 일반인들은 살 수 없는 제품을 좋아하기 때문이다. 따라서 유한계급은 명품의 가격이 떨어지면 되레 그 제품을 외면한다. 반대로 명품의 가격이 오르면 열광한다. '가격이 내리면 수요가 늘어나고, 가격이 오르면 수요가 감소한다'는 경제학 법칙이 적용되지 않는 것이 바로 이런 이유에서다.

명품 브랜드들이 재고를 불태우는 이유도 마찬가지다. 재고를 효율적으로 처리한답시고 제품을 조금이라도 싼 가격에 내놓으면 너도나도 들고 다닐 것이다. 이러면 유한계급은 그 브랜드를 외면한다. 유한계급에게 명품은 '나만의 것'이어야 하기 때문이다.

이와 비슷한 맥락의 분석으로 '스노브 효과snob effect'라는 이론이 있다. '스노브'는 '속물'이란 뜻이다. 인간에겐 '남들이 갖지 못하는, 자기만의 물건을 소유하고픈 속물적 욕구'가 존재한다.

쇼핑몰에서 마음에 꼭 드는 옷을 발견했다고 가정하자. 그 옷을 나뿐만 아니라 옆집 철수도, 앞집 영희도 살 수 있다면 '남들과 다른 나'를 만들고자 하는 속물적 욕구가 충족되지 않는다. 그럴 때 찾는 것이 아무나 살 순 없는 비싼 명품이다. 명품 브랜드들은 가방 하나에 수백만 원의 가격을 매겨 놓고 고객을 유혹한다. "이 가방을 쓰세요. 이 가방은 너무 비싸서 오직 당신만이 쓸 수 있습니다. 특별한 기능이 있냐고요? 그게 뭐가 중요한가요? 오직 당신만이 들고 다닐 수 있는 가방인데!"

품질보다 명성! 지위재의 가치

명품처럼 '수요와 공급에 법칙'에 어긋나는 재화를 경제학에서는 '지위재地位財'라고 부른다. 구매자의 지위를 높여 주는 역할을 하므로 가격이 비쌀수록 되레 수요가 늘어나는 제품이다. 문제는 지위재의

명품 브랜드 에르메스의 대표 상품인 버킨백은 수천만 원에 이르는
가격은 물론, 우수 고객에게만 구매를 허락하는 정책으로
희소가치를 극대화하는 예다.

가격이 제품의 품질이 아니라 '명성'에 따라 결정되기에, 가끔은 웃
지 못할 촌극이 벌어진다는 데 있다.

2006년 한국의 부유층에서는 '빈센트앤코'라는 시계 브랜드가
큰 인기를 끌었다. 이 브랜드는 "100년 동안 오로지 유럽 왕실 사람
들에게만 공급된 스위스 시계"라고 제품을 홍보했다. '남들과 다른
나'를 과시하고 싶은 유한계급이나 속물들에겐 얼마나 솔깃한 이야
기였겠나? 부자들과 유명 연예인들이 앞다퉈 수백만 원에서 수천만
원을 지불하고 이 시계를 구입했다.

그런데 알고 보니 모두 사기였다. 빈센트앤코 시계는 유럽 왕실 은커녕 유럽 근처에도 공급된 적이 없었고, 실제로는 스위스가 아니라 경기도 시흥시의 한 공장에서 만들어졌다. 580만 원짜리 시계의 원가는 8만 원이었고 심지어 부품은 중국산이었다. 가장 비싼 시계는 다이아몬드가 박힌 9,750만 원짜리였는데 원가는 고작 300만 원이었다.

빈센트앤코 시계를 산 사람들은 과연 품질을 보고 구매했을까? 그럴 리가! 구매자들은 '유럽 왕실 멤버'만 이용한다는 시계를 자기 손목에 차고 '유럽 왕실 멤버'의 지위를 누리고 싶었을 따름이다. 이것이 바로 지위재를 구매하는 사람들의 특징적 심리다.

베블런 효과와 스노브 효과는 모두 비이성적인 소비를 설명하는 이론이다. 즉 냉정하게 말하면 명품 소비는 합리적인 소비가 전혀 아니다. 하지만 지위재가 주는 행복에 기꺼이 지갑을 여는 사람이 세상에는 꽤 많다. 그들을 만족시키기 위해 명품 브랜드는 상품의 가격을 천정부지로 올리는가 하면, 멀쩡한 상태의 재고를 남김없이 불태우기까지 한다.

재고를 불태워야 브랜드의 가치가 유지된다는 것을 이해는 하지만, 아무리 생각해도 좀 찝찝하다. 한쪽에선 하루가 지난 도넛을 내다 버리고, 다른 한쪽에선 먹을 것이 없어서 굶어 죽는다. 한쪽에선 명품 하나 사겠다고 새벽부터 줄을 서서 오픈런을 하는데, 다른 한쪽에선 남은 제품을 불태운다. 이게 정말 효율적인가? 지금도 수많은 경제학자가 '시장은 과연 효율적인가?'라는 질문을 끊임없이 던지며 연구를 계속하는 이유가 여기에 있다.

깔맞춤은 필수, 인간은 통일성을 중시한다

디드로 효과

매스게임과 가창오리 군무

여기 두 종류의 장관이 있다. 여러분은 둘 가운데 어떤 것에 더 끌리는지 한번 생각해 보길 바란다.

첫 번째 장관은 세계적으로 명성이 높은 북한의 매스게임 '아리랑' 공연이다. 이 공연의 백미는 초대형 경기장을 가득 메운 10만여 명의 인원이 만들어 내는 완벽한 카드섹션이 되겠다. 카드섹션 하는 군중 속 개인을 하나하나 살펴보면, 사람들은 단지 색깔 있는 카드를 신호에 맞춰 들었다 내렸다 할 뿐이다. 그런데 낱낱의 움직임이

수많은 인원이 일사불란하게 움직이며 장관을 연출하는 북한의 매스게임

모여 환상적인 조화를 이루며, 학이 날갯짓하고 돌고래가 바다를 가로지르는 모습이 연출된다. 태양이 떠오르는 장면에 이르면 실제 일출보다 더 웅장하다는 느낌마저 든다.

독일의 사진작가이자 영화감독인 베르너 크란베트포겔Werner Kranwetvogel은 2009년 아리랑 공연을 촬영하고, 이 영상을 공개하기 위해 무려 1년 동안이나 북한 당국자를 설득했다고 한다. 그는 "10만 명이 넘는 군중이 참가하는 공연에서 숨소리 하나조차 들을 수 없었다."라고 공연 당시를 회고했다.

두 번째 장관은 충남 서산시 천수만에서 관찰되던 가창오리의 군무다. 우리나라의 대표적 겨울 철새인 가창오리가 최근엔 철새 서

식지의 환경 변화 등으로 천수만을 잘 찾지 않는데, 2000년대 초반까지만 해도 천수만은 가창오리의 월동 집결지로 유명했다. 초겨울이 되면 전 세계 가창오리의 95퍼센트가 이곳 천수만에 모여들었고, 그 숫자는 무려 30만 마리에 이르렀다.

해 질 녘이면 30만 마리의 가창오리 떼가 하늘을 자유롭게 날면서 춤추기 시작했다. 지휘자도 없고 연출자도 없건만, 그 춤은 분명 한 편의 장엄한 대서사시 같았다. 어느 순간 이들은 검은 구름 떼처럼 보였다가, 다음 순간 모이고 흩어져 거대한 새로 돌변했다. 때로는 바다를 헤엄치는 고래로, 때론 용암을 내뿜는 화산으로 모습을 바꿨다. 자연이 그려 내는 이 최고의 그림은 모였다 흩어지기를 반복하며 숱한 자연화自然畵를 창조하다가 어느 틈에 홀연히 사라졌다.

북한의 매스게임과 천수만의 가창오리 군무는 둘 다 실로 경이로운 장면인데, 그 둘 사이엔 분명한 차이가 존재한다. 매스게임의 아름다움은 연출자의 계획대로 한 치의 오차도 없이 진행되는 놀라운 통일성에 있다. 반면에 가창오리 군무의 아름다움은 누구 하나 속박되지 않고 마음껏 날아오르는 자유로움에서 발견된다. 여러분은 어느 장관에 더 끌리는가?

자유로움과 통일성을 갈망하는 인간의 심리

어느 쪽에 더 관심이 쏠린들 이상하지 않다. 앞선 질문에는 정답이 없다. 누군가는 엄격한 통일성에 더 끌릴 것이고 어떤 이는 예측불허의 자유로움에 더 매력을 느낄 텐데, 모두가 당연하다.

통일성과 자유로움은 대개 반대개념으로 인식되지만, 둘 다 인간에게는 매력적인 요소다. 인간은 본능적으로 속박을 꺼리고 자유를 선호한다. 그물에 걸리지 않는 바람 같은 자유를 꿈꾼다. 온갖 광고에 '자유로운 삶', '자유를 찾아 떠나는 여행', '자유를 입다', '자유를 선물하다' 등의 문구가 넘쳐 나는 것만 봐도 쉽게 이해가 갈 테다. 한데 신기한 점은, 인간이 자유를 사랑한다면 통일성은 매우 싫어할 듯한데도 꼭 그렇지만은 않다는 사실이다.

예를 들어 제복은 통일성을 상징하고, 이 통일성은 엄격한 규율을 전제로 한다. 제복을 입는 대표적 직업은 군인, 경찰, 비행기 조종사, 의사 등이다. 이들은 모두 상명하복의 엄격한 규율을 자기 목숨처럼 여긴다. 통일성이 무엇보다도 중요하기에 복장마저 일치시키는 것이다. 즉 제복은 자유로운 삶과는 매우 거리가 먼 상징물이다. 그런데 놀랍게도 현실에는 제복을 선호하는 '제복 판타지'가 존재한다. 수많은 사람이 제복 입은 이들을 동경한다. 심지어 상대가 제복을 입었다는 이유만으로 그 사람에게 더 큰 신뢰를 보낸다.

영국 선덜랜드대학교 심리학과의 게리 브레이스Gary L. Brase 교수는 실험 참가자들에게 하얀 의사 가운을 입은 모델 사진과 평상복 차림의 모델 사진을 보여 주고 누구에게 더 신뢰감이 드는지를 물었다. 압도적으로 많은 응답자가 하얀 의사 가운을 입은 모델을 선

택했다. 사진 속의 모델은 실제 의사도 아니고 일반인이었을 뿐인데 말이다. 브레이스 교수는 이를 '하얀 가운 효과white-coat effect'라고 일 컬었다.

왜 자유를 사랑하는 인간이 제복의 통일성에 환상을 가질까? 제복의 통일성은 자유로움이 주지 못하는 안정감을 제공하기 때문이다. 제복은 규율을 상징하고, 규율은 안정감을 가져다준다. 아무리 인간이 자유로움을 사랑한들, 사회의 모든 질서를 무시하는 극단적 자유로움을 추구하지 않는 한 안정감은 매우 중요하다. 따라서 인간은 규율 속에 살며 자유로움을 꿈꾸고, 자유로움 안에서도 통일성을 갈구한다. 참 오묘한 모순인데, 곰곰이 생각해 보면 이 모순이 또 그럴듯하다. 인간은 원래 복잡한 존재다.

디드로 효과, 통일성을 위한 연쇄 소비

마케팅은 인간의 이런 복잡다단한 두 가지 심리 상태를 모두 이용한다. 자유로움을 강조하는 전략이 난무하는 가운데서도, 통일성을 부각하는 방식 또한 그에 못지않은 힘을 지니는 것이다.

통일성을 선호하는 인간의 심리를 자극하는 대표적 마케팅 전략이 바로 '디드로 효과Diderot effect'다. 여기서 '디드로'는 18세기에 활약한 프랑스의 철학자 드니 디드로Denis Diderot를 뜻한다. 디드로는 수필 「나의 오래된 가운을 버리면서 생긴 후회들」(1769)에서 다음과 같은 일화를 소개했다.

친한 친구로부터 붉은색 가운을 선물받은 디드로는 이 가운이 무척 마음에 들었다. 문제는 가운을 서재에 걸어 놓고 보니, 서재 안의 분위기와 붉은 가운이 너무 안 어울린다는 것. 그래서 디드로는 가운과 어울리는 의자를 샀다. 그 뒤에 다시 보니 가운-의자 조합과 책상이 또 어울리지 않았다. 디드로는 어울리는 책상도 사들였다. 그러고 나니 가운-의자-책상 조합과 책장이 또 안 어울리는 것이다. 이런 식으로 가구를 하나씩 교체하던 디드로는 결국 서재 안의 모든 가구를 바꿔야 했다. 가구 교체 과정이 다 끝난 뒤 그는 "낡은 가운을 입었을 때는 내가 그 가운의 주인이었는데, 새 가운을 얻

고 나니 이 가운이 나를 지배하는 것 같다."라며 후회했다고 한다.

우리도 이런 일을 종종 겪지 않나? 마음에 드는 신발을 샀는데, 어쩐지 바지가 신발과 안 어울린다. 그래서 바지를 추가로 구입했는데, 이상하게 바지-신발 조합과 티셔츠가 어울리지 않는다. 티셔츠까지 새로 샀더니, 이 바지-신발-티셔츠 조합에는 모자가 필요한 것만 같다.

캐나다 출신 인류학자인 그랜트 매크래컨Grant D. McCracken은 소비자들이 제품의 통일성을 중시하는 현상을 가리켜 '디드로 통일성Diderot unity'이라고 불렀다. 매크래컨에 따르면 아름다움과 관련 있는 분야, 즉 자동차·가구·의류 등의 상품 시장에서는 한 제품에 대한 구매가 통일성 있는 또 다른 제품의 구매로 이어지기 쉽다. 이것이 바로 마케팅에서 널리 사용되는 디드로 효과다.

애플, 휴대용 전자 기기에 아름다움을 더하다

디드로 효과로 어마어마한 이익을 챙긴 대표적 기업이 애플이다. 애플이 등장하기 전까지 디드로 효과는 주로 패션 분야에서 먹히는 전략이었다. 그랜트 매크래컨의 언급처럼, 디드로 효과는 아름다움과 관련 있는 분야에 잘 들어맞는 전략이기 때문이다.

애플은 휴대용 전자 기기에 아름다움이란 요소를 가미한 사실상 최초의 기업이었다. 애플의 등장 전까지 휴대용 전자 기기의 핵심은 기능이었다. 그런데 애플은 기능도 기능이지만, 고유의 아름다운 디자인으로 소비자들을 사로잡았다.

과연 애플이 자사 제품의 아름다움에 취한 소비자들에게 휴대용 전자 기기를 달랑 한 종류만 팔았을까? 그럴 리가 있나! 애플은 디자인을 무기로 온갖 기기를 마치 한 세트처럼 포장해 팔아 치웠다. 또 자사 제품 간의 호환성을 어마어마하게 높인 반면, 타사 제품과의 호환은 거의 안 되도록 막아 버렸다.

보통 이렇게 하면 소비자들은 "이건 왜 다른 기기와 호환이 안 되는 거야!"라고 분노하며 제품을 외면하기 십상이다. 그러나 애플 제품을 구입한 사람들은 화내지 않았다. 왜냐하면 이 제품들이 아름답기 때문이다. 다시 한번 강조하지만, 아름다움은 디드로 효과를 불러일으키는 최고의 무기다.

애플의 소비자들은 맹목적 애플 추종자들을 가리키는 '앱등이'를 자처하면서 아이폰을 쓰고, 에어팟으로 음악을 들으며, 애플워치로 건강을 체크하고, 아이패드와 맥북으로 업무를 본다. 대부분 애플 제품은 가격이 상당히 비싼 편인데도 디드로 효과에 취한 소비자들은 별로 개의치 않는다.

아름다움이 더해진 애플의 전자 기기가 소비자들의 인기를 끌자, 최근 들어 대형 가전업체들도 디드로 효과를 노리는 전략에 편승했다. 과거 가전제품 마케팅의 핵심은 단연 성능이었다. 하지만 요즘엔 성능과 디자인의 조합에 주력한다. 디자인이 그만큼 중요해

제품들의 통일성 있는 미감으로 고객 충성도가 높은 애플

진 것이다.

이쯤 되면 여러분도 눈치챘을 듯싶다. 디자인이 마케팅의 핵심 요소로 떠오른 순간, 당연히 디드로 효과를 노린 마케팅 전략이 뒤따라온다는 사실을! 아름다움에 취해 제품을 구매한 사람은 그 제품과 어울리는 또 다른 제품을 통해 디드로 통일성을 추구하기 마련이다.

2020년 말부터 LG전자는 '오브제컬렉션'이란 이름으로 냉장고·에어컨·청소기·공기청정기·의류관리기·식기세척기·광파오븐·정수기 등에 통일된 디자인을 입혔다. 삼성전자 또한 '비스포크'라는 브랜드로 유사한 전략을 펼친다. 이 제품들을 경험해 본 사람들은 이구동성으로 "오브제 냉장고를 샀으면 오브제 김치냉장고를 사야지, 오브제 냉장고에 비스포크 김치냉장고를 더하는 건 매우 어색하다."라고 말한다. 미적 통일성을 추구하는 인간의 본능은 수많은 애플 추종자를 양산한 데 이어, 가전제품 시장에서도 혁명적인 변화를 이끌어 내고 있다.

Check Point

디드로 효과

어떤 물건을 갖고 있을 때, 그 물건과 어울리는 다른 물건을 추가로 구입하게 되는 경향을 가리키는 마케팅 용어. 따라서 기업들은 상품의 디자인과 기능에 통일성을 갖추어 소비자들에게 적극적으로 어필한다.

얄팍한 마케팅은
되치기를 당한다는
교훈

파 맛 첵스 논란

쓰레기통에 던져 주세요

2005년 이노센트드링크의 첫 TV 광고

이노센트드링크Innocent Drinks라는 영국 회사가 있다. 스무디와 야채주스를 주로 파는 음료 회사다. 우리나라에서는 생소한 브랜드지만 유럽에서는 매우 인기가 있다. 일주일 동안 팔리는 스무디만 200만 병이 넘는다(2019년 기준). 이 회사의 지분 대부분을 2009~2013년 코카콜라가 인수했다. 고령화사회로의 진행이 빨라지는 요즘, 코카콜라는 이 브랜드를 집중적으로 밀고 있다. 하긴 나이 지긋한 어르신들에게 '콜라를 더 마시세요. 건강에 좋습니다!'라고 주장하기는 어색했을 테다. 콜라보다는 야채주스가 권하기 좀 더 쉽지 않겠는가?

이노센트의 마케팅은 유머가 넘치기로 유명하다. 보통 음료수병 아래엔 기껏해야 유통기한만 표시되어 있다. 그런데 이 회사의 음료수병 아래에는 다양한 문구가 등장한다. "구조되기를 원한다면 편지를 이 병 속에 넣고 바다에 던지세요.", "병 공장에 갇혀 있어요. 살려 주세요!", "병 밑바닥 좀 그만 쳐다봐!" 하는 식이다. 이걸 발견한 소비자들은 피식 웃지 않을 수 없다.

이 회사의 공동 창업자 리처드 리드Richard J. Reed, 애덤 발론Adam Balon, 존 라이트Jon Wright는 모두 영국의 명문 케임브리지대학교를 졸업해 컨설팅 회사나 광고 회사 등에서 일하고 있던, 앞길이 창창한 청년이었다. 그런데 이들은 사실 창업을 하고 싶었다. 창업 아이템은 바로 스무디. 벌써부터 식상하지 않은가? 과일과 얼음을 갈아 만든 스무디가 뭐 대단한 창업 아이템인가? 게다가 스무디는 1960년대부터 미국에서 인기를 끌었는데, 이들이 창업을 계획한 시기는 1998년이었다. 뒷북도 한참 뒷북이었다.

그런데도 이들 셋은 스무디 사업을 하고 싶었다. 과연 성공할

수 있을까? 그들만의 스무디 레서피를 개발한 세 청년은 1998년 여름, 영국 런던의 작은 음악 축제 현장을 찾아가 음료를 처음으로 판매했다. 여기서 소비자들의 반응을 보고 창업을 할지 말지 결정할 참이었다. 그런데 소비자의 반응을 어떻게 알아차리나? 여기서 기발한 아이디어가 등장했다. 이들은 스무디 판매대 앞에 커다랗게 현수막을 내걸었다.

"우리가 다니던 회사를 그만두고 이 스무디를 만드는 사업을 시작해도 될까요?"

그 현수막 밑에는 'YES'와 'NO'가 적힌 커다란 쓰레기통 두 개가 있었다. 축제가 끝날 무렵 확인해 보니 'YES' 쓰레기통이 가득 찼다. 이들은 자신감을 갖고 스무디 사업을 시작했다. 그게 오늘날 세계적 스무디 브랜드로 성장한 이노센트의 시작이었다.

이케아 효과

고객 참여 마케팅^{customer engagement marketing}이라는 기법이 있다. 회사가 상품을 일방적으로 홍보하는 것이 아니라 고객이 직접 마케팅에 참여하도록 유도하는 방법이다. 조립식 가구를 파는 가구 회사 이케아^{IKEA}가 이 마케팅을 이용한 성공적인 사례라 할 만하다. 대부분 사람들은 이케아의 성공 비결이 싼 가격 덕분이라고 생각한다. 실제로 이케아는 다른 완성품 브랜드에 비해 평균 20퍼센트 정도 저렴하게 가구를 팔아 온 것으로 유명하다. 하지만 이케아가 전 세계적 인기를 끈 이유는 따로 있다.

이케아에서 식탁을 시키면 식탁이 오는 게 아니라 상판하고 다리 네 개가 온다. 이걸 내가 직접 조립해야 한다. 해 본 사람은 알겠지만 절대 쉬운 일이 아니다. 그런데도 왜 많은 사람이 이케아에서 가구를 살까? 바로 "이거 내가 직접 조립한 식탁이야!"라는 자부심이 생기기 때문이다. 인간의 행동을 관찰하고 그것이 어떠한 결과를 일으키는지 경제학적으로 분석하는 행동경제학에서는 소비자들의 이런 심리를 '이케아 효과IKEA effect'라는 이론으로 따로 설명할 정도다.

고객 참여 마케팅의 위력이 큰 이유가 이것이다. 이노센트의 대표적 마케팅 '빅 니트Big Knit'도 이를 영리하게 이용했다. 차가운 음료인 스무디는 당연히 겨울에 잘 안 팔린다. 이노센트는 이를 극복하려 2003년 스무디에 털모자를 씌우는 기상천외한 캠페인을 시작했다. 이노센트는 고객들에게 "겨울철이라 잘 팔리지 않아 추위에 떠는 우리 스무디에게 털모자를 씌워 주세요."라고 요청했다. 이 황당한 요구에 뜨개질이 취미인 수많은 소비자가 기꺼이 동참했다. 이노센트는 소비자들이 보낸 조그마한 털모자를 진짜로 스무디 병에 씌워 팔았다. 그리고 그 수익금 가운데 일부를 기부했다.

음료도 팔고, 기부도 하고, 충성스러운 고객도 확보한다. 털모

자를 쓴 귀여운 스무디는 이노센트 제품을 세계적 명물로 만들었다. 고객 참여(쓰레기통에 병 던지기)로 시작한 이노센트가 다시 고객 참여를 활용해 세계적 명성을 얻은 것이다.

고객의 역습, 파 맛 첵스 사건

2020년 농심켈로그의 '첵스파맛' 출시 영상

그런데 고객 참여 마케팅을 할 때 주의할 점이 있다. 때때로 상상하지도 못한 고객의 '역습'이 기다리기도 한다는 사실이다. 고객들에게 투표를 시키는 일은 대표적 고객 참여 마케팅이다. 요즘은 온라인이 워낙 발달해 간단한 방식만으로도 고객들의 투표를 유도할 수 있다.

이때 고객이 선택하게 할 문항을 잘 골라야 한다. 2012년 롯데제과는 꼬깔콘이 과연 '꼬깔'(표준어는 '고깔') 모양이냐, 아니면 나팔 모양이냐를 두고 온라인 투표를 진행한 적이 있다. 그 뾰족한 과자가 꼬깔을 닮았건 나팔을 닮았건 뭐가 중요하겠나? 그냥 유머러스하게 고객을 참여시키는 일 자체가 마케팅의 목적이었다. 이런 마케팅은 실패할 확률이 낮다. 고객이 설혹 나팔을 선택한들 꼬깔콘에 타격이 될 게 없기 때문이다.

하지만 2004년 농심켈로그(이하 켈로그)가 실시한 고객 참여 마케팅은 고객들의 역습을 제대로 맞았다. 그 당시 켈로그는 주력 제품 첵스초코의 마케팅을 위해 '첵스초코나라 대통령선거 이벤트'를 벌였다. 가상 국가인 '첵스초코나라'에 밀크초콜릿 맛 시리얼을 상징하는 '체키'와 파 맛 시리얼을 상징하는 '차카'가 대통령 후보로 출마하고, 고객들은 둘 중 하나에 투표하는 이벤트였다. 더 많은 표를 얻은 후보가 대통령이 되면 켈로그는 그 제품을 판매하기로 했다. 광고에서 체키는 귀여운 표정으로 "더 진하고 부드러워진 밀크초콜릿 맛을 첵스초코 안에 넣어 줄게!"라는 공약을 앞세웠다. 반면에 차카는 누가 봐도 사악한 표정으로 "첵스초코 안에 파를 넣어 주지, 근사하지?"라는 섬뜩한(!) 공약을 내세웠다.

시리얼이 설렁탕도 아니고, 파 맛 시리얼이 어떻게 근사할 수가 있나? 켈로그도 진짜 파 맛 시리얼을 만들 생각이 조금도 없었다. 차카는 단지 체키를 돋보이게 할 악역일 뿐이었다.

그런데 누리꾼들이 이 투표에 관심을 보이기 시작했다. '파 맛 첵스? 켈로그가 웃기려고 이런 마케팅을 한 모양인데, 우리도 웃기는 방식으로 대응해 주자.'라는 여론이 형성된 것이다. 유머 사

이트인 '웃긴대학' 누리꾼들이 이 투표에 대거 참여하면서 파 맛을 앞세운 차카가 밀크초콜릿 맛을 앞세운 체키를 압도했다.

누리꾼들은 중복 투표가 가능하다는 점을 이용해 200여 명이 무려 5만 표에 가까운 표를 차카에게 몰아줬다. 당황한 켈로그가 중복으로 투표된 차카의 표 4만 7,000여 표를 삭제했는데도 차카는 선두를 빼앗기지 않았다. 결국 켈로그는 전화 투표와 놀이동산 현장 투표까지 추가로 시행하는 등 각종 편법을 동원해 겨우 결과를 뒤집고 체키를 대통령으로 당선시켰다.

웃음으로 받아넘길 줄 알아야 한다

사실 이 사건에서 켈로그가 도덕적으로 잘못한 것은 없다. 물론 체키가 차카를 제치고 대통령이 된 건 공정하지 않았다. 그런데 그걸 부정선거라고 진지하게 말할 필요가 있을까? 대통령 뽑는 선거도 아니고, 무슨 시리얼을 팔지 정하는 일인데?

그들은 그저 좀 재미있는 고객 참여 마케팅을 하고 싶었을 뿐이다. 하지만 마케팅 담당자들은 이걸 알아야 한다. 당신들이 웃기는 마케팅에 진심인 만큼, 사람들도 웃기는 일에 매우 진심이라는 사실을. 그리고 그들이 뭉치면 진짜로 웃기는 일이 현실에서 벌어지기도 한다는 사실을 말이다.

파 맛 첵스 사건은 그로부터 매우 오랫동안 사람들 입에 오르내렸다. "켈로그가 부정선거를 저질렀다."; "민주주의를 향한 명백한 도전이다."; "나는 진짜로 파 맛 첵스가 나오면 설렁탕에 말아 먹을 작정이었다." 등 장난 섞인 비난이 쏟아졌다. 이 사건은 이렇게 끝나지 않았다. 사건이 벌어진 지 16년이 지난 2020년에도 누리꾼들은 "첵스초코의 16년 독재를 규탄한다."; "초코주의 타파하자!" 등의 드립을 끝없이 생산해 냈다.

그런데 놀라운 일이 벌어졌다. 켈로그가 2020년에 마침내 진짜 파 맛 첵스를 한정판으로 출시한 것이다. 그리고 켈로그는 아예 마케팅 문구에 "켈로그의 부정선거를 규탄한다."라는 누리꾼들의 질타를 그대로 넣었다. 파 맛 첵스를 대표하는 캐릭터인 차카도 과거보다 훨씬 착하고 선한 모습으로 화려하게 돌아왔다.

사실 소비자들이 "켈로그의 부정선거를 규탄한다."라고 비난한 건 진심이 아니었다. 그 또한 웃기려고 한 말이다. 그렇다면 업체는 소비자들의 유머를 다시 유머러스하게 받아들일 여유가 있어야 한다.

그런 의미에서 진짜로 파 맛 첵스를 내놓은 켈로그의 마케팅은 매우 훌륭했다. 소비자들의 반응도 좋았다. 심지어 이 사건은 세계적 언론사인 영국의 로이터통신도 보도했다. 기사 제목은 '민주주의의 맛: 한국에서 벌어진 파 맛 시리얼을 향한 16년의 투쟁(A taste of democracy: South Korea's 16-year fight for a green onion breakfast cereal)'이었다.

물론 파 맛 첵스는 장수하지 못했다. 재미는 재미고, 우유에 파를 말아 먹는 게 맛있을 리 없지 않은가? 켈로그도 이 상품을 많이 팔려고 내놓은 것이 아니다. 첵스라는 브랜드를 알리기 위한 유쾌한 마케팅이었다. 이에 파 맛 첵스 사건은 고객의 역습이 어떤 황당한 상황으로까지 번질 수 있는지를 잘 보여 주는 고객 참여 마케팅의 중요한 사례로 남게 됐다.

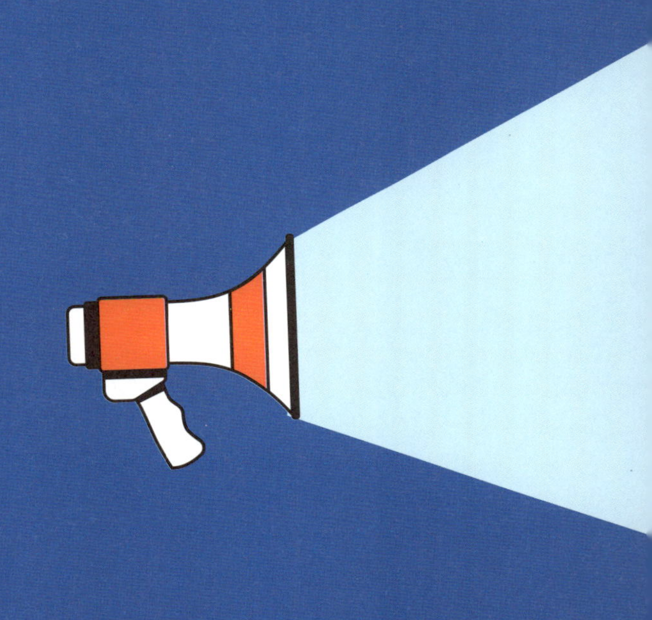

3부.

내일의 마케팅

변하는 것과 변하지 않는 것

태양의 입맞춤을 그냥 먹지 마세요, 짜서 마셔요

브랜드, 공산품과 함께 등장하다

우리가 흔히 쓰는 단어인 '브랜드brand'에는 사실 좀 섬뜩한 의미가 담겼다. 브랜드의 어원은 고대 노르드어 '브랜드르brandr'라는 설이 가장 유력하다. 고대 노르드어는 노르웨이, 덴마크, 스웨덴, 아이슬란드 등 북유럽 국가들이 모인 스칸디나비아지방에서 8~14세기 무렵 사용되던 언어다. 쉽게 이야기해서 바이킹이 활개를 치던 시대의 언어라고 보면 된다(바이킹의 어원 역시 고대 노르드어 '위킹그르vikingr'라고 한다). 원래 브랜드르는 '불에 타다burn'라는 뜻이다. 그러다 시간이 지

서구 노예상이 아프리카 출신 노예들에게 낙인을 찍는 장면을 묘사한 삽화

나며 '불로 지지다', '낙인을 찍다'로 의미가 확장됐다.

그 당시 낙인은 주로 바이킹들이 가축의 소유주를 표시하는 데 사용했다. 불에 달군 쇠를 소가죽에 대고 눌러 문양을 새기는 식이었다. 이렇게 새긴 무늬는 거의 영구적이므로 효과가 확실하다. 가축뿐 아니라 자기 소유임을 분명히 하고 싶은 것에도 낙인을 찍었다. '이건 내 소유물이다.' 혹은 '내가 만든 물건이다.'라는 사실을 알리려 한 거다. 충격적이게도 노예 역시 낙인을 피하지 못했다.

브랜드의 의미가 '상표'로 바뀐 계기는 18세기 후반 유럽에서 일어난 산업혁명이었다. 산업혁명을 기점으로 인류는 전례 없는 변혁을 맞이했다. 규격화한 물건이 공장에서 끝없이 만들어지는 대량생산의 시대가 열린 것이다. 수작업이 아니라 기계 공정을 거쳐 대량으로 제조된 공산품이 등장한 게 바로 이때다. 품질이 비슷한 상품이 무수히 쏟아지자 생산자들은 '어떻게 하면 내가 만든 물건이 소비자들의 눈에 띌 수 있을까?'라는 고민에 빠졌다. 남의 것보다 돋보이게 자기 제품을 포장할 특별한 수단이 필요했다. 그래서 만들어진 것이 브랜드다. 생산자들은 저마다 자기 제품에 이름을 붙이고, 낙인을 찍듯 제품에 새겨 소비자들에게 선보였다.

공산품은 되는데 농산품은 안 된 것

1759년 아일랜드의 어느 양조장에서 만들기 시작한 기네스Guinness 맥주는 그 당시 유럽 전역에서 쏟아진 수많은 양조장 맥주와의 차별화를 위해 아일랜드의 상징인 하프를 로고로 삼아 포장에 새겼다. 아일랜드는 유럽 국가 가운데 악기를 국가의 상징으로 사용하는 유일한 나라다. 그래서 하프를 향한 국민들의 애정이 대단한데, 이런 하프 문양을 기네스가 로고로 사용한 것이다. 이 덕분에 기네스는 아일랜드에서의 인기를 등에 업고 전 세계에 가장 널리 알려진 흑맥주 브랜드로 성장했다. 한편 1777년 영국에서 설립된 배스 양조장Bass Brewery은 병과 포장지에 빨간 삼각형을 인쇄해 붙임으로써 주요 상품인 페일에일pale ale을 소비자의 뇌리에 각인했다. 영국 최초의 상표로 등록된 이 빨간 삼각형은 브랜드 마케팅의 원조로 평가받는다.

공산품의 브랜드화가 착착 진행된 것과 달리, 농산품은 훨씬 늦게까지 브랜드화의 길을 걷지 못했다. 우리나라만 해도 1970년대부터 현대자동차, 삼성전자, 금성사(현 LG전자) 등 여러 브랜드가 공산품 시장에서 탄생했다. 하지만 쌀은 그냥 쌀이었고, 과일은 그냥 과일이었다. 대구 사과가 유명하다거나 이천 쌀이 맛있다거나 하는 등 지역의 특산물 정도가 알려졌을 뿐, 그것이 하나의 브랜드로 발전하진 못했다는 이야기다.

오렌지가 넘쳐 났다

농산품의 브랜드화가 공산품에 비해 어려운 이유가 있다. 농산품은 공산품보다 생산과정이 길고 복잡하다. 무엇보다 제품의 질이 균일하지 않다. 삼성전자에서 만든 스마트폰은 전국 어디서 사든 똑같은 품질을 기대할 수 있다. 하지만 사과 같은 과일은 한 과수원에서 기른 뒤 수확해도 저마다 크기와 맛이 다르다. 매년 기후에 따라 급격한 품질 차이를 보이기도 한다. 게다가 농산품은 유통기한도 짧다. 과일의 경우 신선함이 생명인데, 유통 과정에서 변질할 가능성이 있다. 기껏 브랜드를 만들어 열심히 홍보했건만 소비자가 받을 과일이 상해 버렸다고 생각해 보라. 해당 브랜드가 긍정적인 이미지로 기억될 리 없다.

미국 캘리포니아주 오렌지카운티의 깃발

그럼에도 농산품이 브랜드화의 길을 걷지 않을 수 없게 된 중요한 사건이 20세기 초반에 발생했다. 미국 서부 지역에서 오렌지 생산량이 폭발적으로 늘어난 것이다. 원래 오렌지는 지중해성기후, 즉 여름엔 건조하고 겨울엔 따뜻하면서 습한 기후에서 잘 자라는 과일이다. 미국 서부, 캘리포니아 지역이 딱 이런 기후다. 18세기 중반 에스파냐 선교사들이 이곳에 오렌지를 심어 기르기 시작하면서 캘리포니아는 세계에서 오렌지가 가장 잘 자라는 지역 가운데 하나로 성장했다.

1869년 미국에서 개통된 대륙횡단철도에 1880년대 냉장 화물칸

20세기 초, 엽서에 실린 썬키스트의 오렌지 광고

이 도입되면서 캘리포니아의 오렌지 사업은 전성기를 맞이했다. 오렌지를 미국 전역으로 빠르게 운송할 수 있는 인프라가 갖춰졌기 때문이다. 비타민C가 풍부한 오렌지가 감기와 괴혈병 예방에 좋다는 소문도 오렌지 붐에 한몫했다.

오렌지의 이와 같은 인기 덕에 캘리포니아주에는 '오렌지카운티 Orange County'라는 지역까지 생겼다. 1889년 로스앤젤레스카운티에서 분리될 당시 지역 브랜딩 차원에서 오렌지라는 이름을 선택한 것이었다. 우리나라로 치면 경상북도 사과시, 경상남도 마늘군, 전라남도 수박군, 충청남도 호두시처럼 지역명을 정한 셈이다. 이런 이름이 계기가 되어 실제로 카운티 내 오렌지 수확량이 어마어마하게 증가하기도 했다. 그런데 지금은 오렌지카운티에서 오렌지를 재배하는 농장 수가 크게 줄었다. 홍철 없는 홍철 팀, 치킨 없는 치킨집 처지가 된 오렌지카운티는 이젠 오렌지보다 세계 최초의 테마파크 디즈니랜드가 있는 곳으로 더 유명하다.

무엇이든 과하면 문제가 생기는 법이다. 20세기 초반 오렌지가 히트하면서 캘리포니아에서 너도나도 오렌지를 재배하는 바람에 오렌지의 생산량이 수요를 훌쩍 넘어 버렸다. 대륙횡단철도가 비행기만큼 빠른 운송수단은 아니었다. 냉장 화물칸이 지금의 냉장고만큼 성능이 좋지 못했음은 물론이다. 게다가 그 당시 미국인들이 과일을 매일 먹지도 않았다. 오렌지는 특별한 날에 먹는 과일이었고, 먹어 봐야 한 사람당 한두 개씩 먹는 정도였다. 과잉 생산된 오렌지가 갈 곳을 잃고 쌓이기 시작했다. 가격이 폭락했지만 제대로 된 유통경로를 찾지 못해 농장에서 썩어 가는 오렌지를 농민들은 하염없이 바라봐야 했다.

과유불급이 전화위복으로

오렌지의 수요를 높일 돌파구가 필요했다. 1893년 설립된 남부캘리포니아 과일생산자협동조합Southern California Fruit Exchange은 문제를 해결하기 위해 1908년 4월, 세계 최초로 과일에 브랜드를 심었다. 바로 마케팅 역사상 가장 빛나는 브랜드 가운데 하나인 '태양의 입맞춤',

귀여운 소녀의 이미지를 브랜드 로고로 활용한 치키타

썬키스트^{Sunkist}다.

썬키스트는 'Sun kissed'의 변형이다. 캘리포니아의 강렬한 햇빛을 받고 자란 오렌지를 태양의 입맞춤에 비유한 것이다. 감성적이고 로맨틱한 작명 센스다. 협동조합은 소비자들에게 이 강렬한 태양의 키스를 더 많이 맛보라는 차원에서 새로운 오렌지 섭취법을 제안했다. 오렌지를 까서 먹는 게 아니라 마셔 보자고. 썬키스트는 "Drink an Orange(오렌지를 마시자).", "Taste that Sunshine(저 햇빛을 맛보자)!" 등의 홍보 문구를 앞세웠다.

이때 썬키스트가 지금처럼 유리병에 담긴 오렌지주스를 만들어 팔지는 않았다. 그 당시 기술력으로는 오렌지주스를 공산품으로 제조해 내기 어려웠기 때문이다. 그래서 썬키스트는 "태양의 입맞춤을 마시자."라며 학교와 병원 등 공공기관에 수동 착즙기를 적극적으로 보급했다.

마시는 '태양의 입맞춤'은 큰 호응을 얻었다. 태양과 입을 맞추기 위해 착즙기를 기꺼이 구매한 소비자들은 아침마다 오렌지를 짜서 마셨다. 미국인들의 아침식사 습관이 바뀐 거다. 썬키스트는 단순히 과일을 파는 브랜드를 넘어 라이프스타일을 변화시키는 브랜드로 변모하며 대성공을 거뒀다.

이후 과일의 브랜드화는 대세로 자리 잡았다. 돌Dole, 델몬트Del Monte, 치키타Chiquita 등 세계적인 과일 브랜드가 속속 등장했다. 썬키스트가 오렌지를 브랜드화한 것처럼 치키타는 1944년에 바나나를 최초로 브랜드화하면서 바나나 시장의 판도를 바꾸었다. 썬키스트가 오렌지를 '태양의 입맞춤'이라는 로맨틱한 표현에 빗대었다면 치키타는 바나나를 작고 귀여운 소녀로 변신시켰다. 치키타라는 단어 자체가 에스파냐어로 '작은 소녀'라는 뜻이다. 치키타는 간판 마스코트인 '미스 치키타'가 노래하고 춤추는 광고를 선보이며 바나나를 사랑스러운 친구로 여기게 했다.

오렌지의 과잉생산이라는 비극에서 태어난 썬키스트는 위기를 기회로 바꾸며 농산품으로 브랜드를 만드는 새 역사를 썼다. 오렌지를 짜서 마시게 한다는 발상도 혁신적이었지만, 무엇보다 '태양의 입맞춤'이라는 낭만적 요소를 삽입한 마케팅이 대성공을 이끈 핵심 요인이었다. 아직도 많은 기업과 창작자가 자기 제품을 사람들에게 널리 알릴 방법을 고민한다. 이때 필요한 것이 썬키스트가 시도한 발상의 전환과 감각적인 언어, 그리고 행동 유도 전략이다. 단지 좋은 제품을 만든다고 잘 팔리는 시대는 지났다. 내 제품이 사람들의 삶 속에 어떤 쓰임새와 감각으로 자리 잡게 할 것인가? 이 질문이 바로 성공하는 마케팅의 실마리이며, 그에 제대로 된 답을 내놓을 줄 아는 브랜드가 살아남는다.

Check Point

브랜드화 전략

농산품 등 본래 특별히 주목받지 않던 상품에 브랜드를 붙이고 적극적인 마케팅을 펼쳐, 긍정적인 이미지를 소비자에게 각인시키고 수요를 높이는 전략.

우버의 상륙을 막고 싶었던 카카오택시의 선택

파트너화 전략

한국에는 없는 것

갈라파고스제도를 아는가? 남미 국가인 에콰도르의 화산섬들이 모인 군도로, 본토인 에콰도르로부터 서쪽으로 무려 약 1,000킬로미터나 떨어진 곳이다. 한반도 최북단에 위치한 백두산에서 제주도 한라산까지의 거리가 970킬로미터 정도니, 갈라파고스제도가 본토에서 얼마나 멀리 있는지 짐작이 갈 테다.

이 섬 무리가 유명해진 이유는 영국 생물학자 찰스 다윈Charles R. Darwin이 진화론을 확립하기 위한 단서를 바로 여기서 찾아냈기 때문이다. 대륙에서 한참 동떨어진 갈라파고스제도에 도착한 다윈은 섬에 살고 있는 야생동물이 너무나 다양하다는 사실에 놀랐다. 그리고 우리나라의 참새만큼 작은 '핀치'라는 새의 부리 모양이 저마다 조금씩 다르다는 점에 주목했다. 다윈은 핀치의 부리 모양이 시간이 지나면서 다양하게 분화했다고 믿었다. 섬마다 먹이를 얻는 환경이 조금씩 다르므로, 자기가 사는 섬에서 먹이를 채집하기 유리한 형태로 각자 진화했다는 것이다. 이 아이디어가 인류의 역사에 관한 패러다임을 바꾼 책인 『종의 기원』(1859)으로 이어졌다.

그런가 하면 2007년 일본 경제학자 나쓰노 타케시가 일본이 지닌 독특한 경제적 특징을 '갈라파고스 증후군Galápagos syndrome'이라고 칭하면서, 경제학에서도 '갈라파고스'라는 단어가 널리 쓰이기 시작했다. 그 당시 일본은 국제적으로 널리 사용되던 여러 표준을 외면하고 자기 나라에서만 사용하는 독특한 제품이나 경제적 규범을 고수했다. 예를 들어 스마트폰이 전 세계에서 열풍을 일으키는 동안에도 여전히 구식 피처폰을 선호한다거나, 휴대전화로 문자메시지를 보낼 때 전화번호가 아니라 이메일 주소를 이용하는 식이었다. 다른 나라 사람들이 보기엔 이상하기 짝이 없었지만, 일본인들은 전혀 불편하게 생각하지 않았다. 이렇게 세상과 동떨어진 모습이 마치 갈라파고스제도에서 독자적으로 진화한 생물과 닮았다고 하여 갈라파고스 증후군이라는 이름이 붙었다.

그런데 우리나라에도 갈라파고스 증후군이라 불릴 만한 독특한

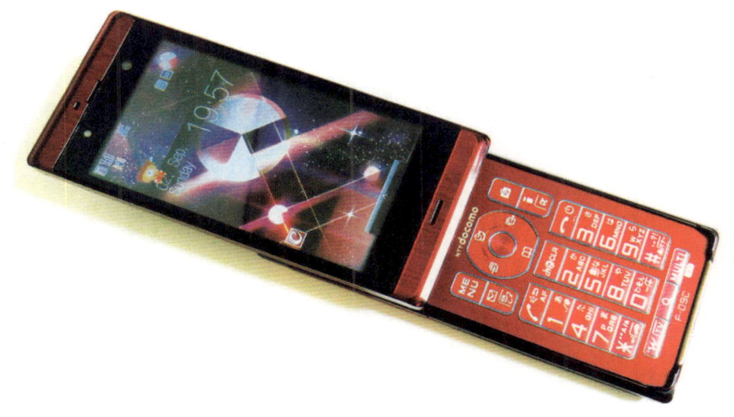

일본 내수 시장의 독자적인 경향이 여실히 드러나
'갈라파고스 휴대폰'으로도 불리는 도코모의 프라임 시리즈

현상이 있다. 전 세계 어느 나라에나 널리 퍼져 있지만 유독 우리나라에선 보이지 않는 것이 있기 때문이다. 바로 우버Uber 서비스다.

우버는 택시가 아니다

스마트폰 앱으로 목적지를 입력하면 주위의 일반인 운전자가 찾아와 나를 그곳까지 태워 주고, 요금도 앱으로 간편하게 결제한다. 우리나라에 우버가 없다는 이야기는 바로 이런 서비스가 없다는 뜻이다. "동남아시아에 여행을 가서 보니, 거기도 우버가 없던걸요?"라고 반문할 사람이 있을지 모르겠다. 동남아권에는 우버와 비슷한 그랩Grab이라는 서비스가 존재한다. "그럼 우리나라에도 카카오택시가 있지 않나요?"라고 묻는다면, 그렇다. 카카오택시가 비슷한 역할을 한다. 하지만 카카오택시는 말 그대로 '택시'인 반면, 우버나 그랩은 택시가 아니다. 이 차이는 실로 엄청나다.

우리나라에서 택시 영업을 하려면 택시 운전 자격증을 취득해야 한다. 택시 면허가 없는 사람이 자기 차량으로 손님을 목적지까지 데려다주고 돈을 받는 일은 불법이다. 그런데 우버가 있는 나라에서는 성인이 된 뒤 운전면허를 따면 '우버 운전자'로서 자기 차량으로 돈을 벌 수 있다. 물론 거기서도 택시 면허를 받지 못하면 '택시 기사'는 될 수 없지만.

2010년 우버가 서비스를 개시하자 전 세계 택시 기사들이 거세게 반발했다. 우버가 택시 업계의 이익을 위협할 게 뻔하니 당연한 반응이었다. 미국에서는 택시 기사가 우버에 항의해 스스로 목숨을 끊는 사건까지 있었다. 하지만 각 나라는 자기만의 방식으로 이래저래 갈등을 봉합했고, 우버의 차량 공유 서비스는 난관을 뚫고 세계로 뻗어 나갔다.

그런 우버가 택시 기사들의 반발을 뚫지 못한 혼치 않은 나라가 한국이다. 그래서 우리나라는 우버나 그랩 같은 차량 공유 서비스가 존재하지 않는 갈라파고스섬으로 남았다.

택시보다 빠르고 편리하게

대신 우리나라에서는 카카오택시가 주류다. 앱으로 운영되는 시스템은 우버와 비슷하지만, 카카오택시의 운전은 전부 택시 면허를 가진 택시 기사가 담당한다. 이 차이를 이해한다면 우버와 카카오택시의 마케팅이 애초에 다른 길을 걸을 수밖에 없던 이유도 쉽게 깨달을 것이다.

우버 마케팅의 핵심은 '택시를 극복한 편리함과 신속함'이다. 추운 날씨에 도로변에서 발을 동동 구르며 손짓하는데 택시가 휑 하고 나를 지나쳐 버린 경험이 누구나 한 번쯤 있을 거다. 하지만 우버는 앱에 목적지만 입력하면 운전기사가 득달같이 달려와 나를 태우고 편안하게 목적지까지 데려다준다.

어떻게 이게 가능할까? 우버를 운전하겠다고 나서는 운전자가 많기 때문이다. 자동차를 한 대씩 가지고 있는 사람은 원체 많다. 그 가운데 꼭 본업이 아니더라도 남는 시간에 운전으로 돈을 벌고 싶은 사람들이 대거 우버 운전에 나선다. 그래서 수량이 한정된 택시와 달리 우버는 소비자가 호출만 하면 차들이 경쟁하듯 즉각 달려온다. 우버의 마케팅은 택시를 극복한 이런 신속함을 강조한다. 한 번이라도 우버 서비스를 경험하면 택시는 절대 타지 않을 것이라는 자신감으로, 초창기 우버가 사업을 확장할 때 가장 먼저 사용한 전략이 공짜 쿠폰과 입소문 마케팅이었다.

우리나라에서는 일반인의 우버 기사 활동이 위법하다는 판결 이후,
2026년 현재 국내 운행 중인 우버 택시

우버는 우선 미국 실리콘밸리를 공략했다. 구글, 테슬라, 마이크로소프트 등 굴지의 IT 기업이 자리한 지역이다. 그런 실리콘밸리의 명성에 먹칠을 하는 문제가 하나 있으니, 바로 최악의 교통난이다. 신생기업들이 쏟아지고 인구가 늘어나는데도 교통망은 그대로다. 오죽하면 이곳의 교통난이 미국에서 오랫동안 최악으로 평가받은 뉴욕의 교통난을 넘어선다는 평가를 받을까.

실리콘밸리에 사는 사람 가운데는 시간이 곧 돈일 정도로 바쁜 직장인이 많다. 그런데 차가 꽉 막히는 길에서 택시를 잡으려면 엄청난 시간과 노력을 들여야 하니, 얼마나 성가신 문제인가? 그래서 우버는 실리콘밸리 사람들이 우버를 한 번만 이용하면 그 매력에서 절대 벗어나지 못하리라 확신했다. 빠르게 찾아오는 운전기사에, 바가지도 없고, 가격 협상도 필요 없는 놀라운 편리함에서 말이다.

그래서 우버는 딱 한 번이라도 좋으니 우버 서비스를 이용해 보도록 고객을 유도하는 일에 매진했다. 첫 사용자에게는 우버를 거의 무료로 이용할 수 있는 쿠폰을 제공하고, 그가 우버를 주위 사람에게 추천하면 포인트를 적립해 주었다. 그러면서 이렇게 외쳤다. "일단 한 번만 사용해 보세요. 그러면 이 편리함을 반드시 다시 찾을 겁니다. 왜냐고요? 우리는 택시와 전혀 다른 서비스니까요!"

택시 기사와 함께

우버의 전략은 적중했다. 서비스를 이용해 본 사람들은 거의 우버를 다시 찾았다. 입소문이 퍼졌고 우버는 실리콘밸리를 넘어 전세계를 호령하는 운송 플랫폼 기업의 선두 주자가 됐다. 한데 이런 우버도 한국에는 끝내 정착하지 못했다. 별도의 면허를 갖추어야만 택시 영업을 할 수 있는 법적 환경, 그리고 국내 택시 기사들의 강한 반발 때문이었다. 하지만 우리나라 소비자들이 이런 서비스를 이용하려는 열망을 순순히 거두었을까? 그렇지 않았다. 시장에는 이미 높아진 수요를 충족시켜 줄 누군가 나타나야 했다.

이 빈틈을 비집고 들어온 업체가 카카오모빌리티의 통합 교통

O2O ^{Online to Offline} 플랫폼 '카카오T'(이하 카카오택시)다. 카카오택시의 발상은 이랬다. '어차피 우리나라에선 우버 같은 서비스를 제공하기 어려우니, 택시가 그 역할을 대신하게끔 하자.' 소비자들의 관심사는 빠르고 안전하고 편리하게 목적지에 가는 것이지, 나를 태워 주는 차량이 승용차냐 택시냐가 아니기 때문이다. 그래서 카카오택시는 택시 기사들을 모집해 우버와 비슷한 서비스를 제공하는 타협책을 제시했다. 앱으로 택시를 손쉽게 호출하고, 요금 결제도 앱에서 자동으로 처리하는 방식으로 기존의 택시 이용 경험을 크게 개선했다.

그런데 이 방식에는 해결해야 할 과제가 하나 있었다. 과연 얼마나 많은 택시 기사가 카카오택시의 시스템에 참여해 주느냐는 거다. 우버의 경우 운전자를 거의 무제한으로 공급받을 수 있지만, 카카오택시는 택시 면허가 있는 택시 기사만 모집할 수 있다. 그리고 택시 기사의 수는 일반 운전자 수에 비해 확연히 적다. 택시가 충분히 확보되지 않으면 소비자들이 택시를 불러도 신속하게 응할 수 없으므로, 우버의 가장 큰 장점인 신속함을 카카오택시가 같은 수준으로 갖추기는 쉽지 않았다.

그래서 소비자들의 이목을 끌어야 했던 우버와 달리 카카오택시는 택시 기사들의 마음을 먼저 잡아야 했다. 2022년 이루어진 '도로 위 히어로즈' 캠페인은 카카오택시가 마케팅의 초점을 어디에 맞췄는지 잘 보여 준다. 카카오택시는 "당신에게 영웅이었던 택시 기사님을 찾습니다!"라는 슬로건 아래 소비자들이 제보한 친절한 택시

전국 시내에서 흔히 찾아볼 수 있는 카카오택시

기사를 찾아가 포상금과 상패를 지급하며, 감동적인 택시 승차 사연을 공개했다. 카카오택시에 참여하지 않은 택시 기사들도 가리지 않고 제보받았다. 흔히 불편함과 바가지의 상징으로 손가락질받던 그들을 소비자에게 감동을 주는 '히어로'로 치켜세움으로써, 카카오택시는 택시 기사들에게 자부심과 가치를 부여하며 영업 네트워크를 넓혔다.

우버는 택시를 극복했지만 카카오택시는 택시와 공존하기로 했다. 그래서 우버는 택시와의 다른 점을 강조했고, 카카오택시는 택시를 어떻게 개선할 수 있는지 보여 줬다. 전형적인 우버 서비스를 우리나라에 상륙시키는 데 실패한 우버는 2021년부터 택시 기사들과 연합한 '우버 택시' 서비스를 제공하고 있다. 한국이라는 특수한 시장을 공략하기 위해 카카오택시와 비슷한 전략을 취한 셈이다. 우버는 과연 우리나라에서 높은 점유율을 확보할 수 있을까? 우버가 어떤 마케팅으로 카카오택시에 맞설지 눈길이 간다.

Check Point

파트너화 전략

기업이 외부 파트너를 단순한 통제 대상이 아니라 브랜드의 자산으로 전환해, 플랫폼 성장의 동력이자 지지 기반으로 활용하는 전략이다. 카카오택시는 국내 택시 기사를 서비스의 얼굴이자 주인공으로 브랜딩하며 사업을 확장했다.

실수를 솔직히 인정할 때 고객의 마음이 움직인다

사과 마케팅

진심을 전한다는 것

살다 보면 진심을 전하는 일이 얼마나 어려운지 절감하곤 한다. 정말 좋아하는 사람에게 마음을 담아 고백했는데, 그가 내 마음의 진위를 의심한다면 얼마나 서운할까? 마케팅을 다루는 코너에서 왜 뜬금없이 진심 이야기를 꺼내는지 의아해하는 독자가 있을 것이다. 그런데 흥미롭게도 '진심을 전하는 방법'은 경제학에서 상당히 중요한 주제다.

경제학 이론 가운데 '시장 신호 이론'이 있다. 뉴욕대학교 스턴경영대학원 교수인 마이클 스펜스A. Michael Spence는 시장 신호 이론을 개발한 공로를 인정받아, 2001년에 노벨 경제학상을 받았다. 세상(시장)에선 누구는 정보를 많이 알지만 다른 누구는 그 정보를 모르는 상황이 흔히 발생하는데, 이를 경제학 용어로 '정보 불균형 상태'라고 한다. 시장 신호 이론은 정보 불균형 상태로 인한 문제들을 해소하는 방법을 제시한다.

예를 들어 보자. 갑돌이 을순에게 사랑을 고백했다. 그런데 을순은 갑돌이 자기를 얼마나 사랑하는지 모른다. 갑돌이 한 일이라고는 고작 "을순아, 나는 너를 정말 사랑해!"라는 고백뿐이기 때문이다. 반면에 갑돌은 자기가 을순을 얼마나 사랑하는지 정확히 파악하고 있다. 그야 자기 마음이니까! 즉 갑돌은 자신이 을순을 정말로 사랑해서 고백한 건지, 아니면 별로 사랑하진 않지만 '썸 타는' 단계에서 고백을 던져 본 건지 안다. 이게 바로 정보 불균형 상태다.

정보 불균형 상태를 해소하기 위해, 정보가 부족한 을순은 여러 가지를 갑돌에게 요구해야 한다. 이를테면 "네가 나를 정말로 사랑한다면 이런 일들을 해 봐."라고 요청하는 것이다. 이때 요청 사항이 간단하면 안 된다. "지금 나를 꼭 안아 줘." 같은 부탁은 큰 의미가 없다. 사랑하는 마음이 진심이든 아니든, 상대를 안아 주는 일은 그리 어렵지 않기 때문이다. 따라서 진심을 확인하기 위해서는 어려운 행위를 요구할 필요가 있다. "네가 나를 정말로 사랑한다면 내 생일에 종이학을 1,000마리 접어서 줘!" 정도는 돼야 한다. 을순을 사

시장 신호 이론을 제시한 경제학자 마이클 스펜스

랑하는 마음이 진짜라면, 갑돌은 종이학 1,000마리를 접는 수고쯤은 기꺼이 각오할 것이다. 그만큼 사랑하지 않는다면? 그냥 포기하고 사라지겠지.

스펜스는 이 행동들을 '신호를 주고받는 과정'이라고 설명하며, 신호를 두 가지 종류로 구분한다. 하나는 누구나 보낼 수 있는 '값싼 신호'고, 다른 하나는 비용이 많이 드는 '값비싼 신호'다. 상대방이 건넨 정보의 신뢰성을 확인하기 위해서는, 값싼 신호가 아니라 값비싼 신호를 요구하는 편이 효과적이다.

사과가 어려운 이유

사과하는 일도 일종의 신호를 주고받는 과정이다. 사과는 잘못을 저지른 쪽이 하는 행위다. 그런데 사과하는 이와 사과를 받는 이가 보유한 정보의 양과 질이 서로 다르다. 사과를 받는 쪽은 상대가 얼마나 진심으로 미안해하는지 모른다. 반면에 사과하는 쪽은 자기가 정말 미안해서 용서를 구하는지, 아니면 마지못해 잘못을 인정하는지 안다. 이런 정보 불균형 상태를 해소하기 위해 신호를 주고받는 과정이 필요하다. 건성으로 시늉만 하는 사과나, 누구나 쉽게 하는 "진심으로 죄송합니다." 같은 말만으로는 제대로 된 값비싼 신호를 보낼 수 없다. 진심을 전하려면 남들과는 다른 특별한 사과를 해야 한다.

그러나 이게 참 어렵다. 많은 사람이 사과를 잘하지 못해 낭패를 겪는다. 잘못을 저질렀다 해도 오로지 자신한테만 책임이 있는 게 아니라면 전후 사정을 해명하고 싶은 유혹에 빠지기 쉬운 탓이다. 그러나 미국의 언어학자인 에드윈 배티스텔라Edwin L. Battistella는 저서 『공개 사과의 기술』(2016)에서, 해명은 대체로 사과하는 이의 진정성을 전달하는 데 방해가 되게 마련이라고 통찰한다.

무슨 말일까? 사과해야 하는 사람은 대부분 자신이 억울하다고 느끼기 때문에, 사과할 때 변명을 꼭 한두 줄 끼워 넣는다는 의미다. 그래서 형식은 사과인데도 내용을 곱씹어 보면 책임을 회피하려는

태도가 보인다. 혹은 온전한 내 잘못이 아니라 쌍방의 잘못이라는
뉘앙스를 풍긴다. 깔끔하게 사과하지 못하고 구질구질하게 토를 달
고야 만다.

배티스텔라는 그런 사과는 안 하느니만 못하다고 단언한다. 듣
는 사람은 바보가 아니다. 사과한답시고 "나만 죄인이야? 너는 잘못
이 없어?"라고 말한다면 그 구질구질함이 온몸으로 전해지게 마련
이다. 이는 오히려 역효과를 불러일으키는 잘못된 신호다.

자기 자신에게 욕을 한 KFC

사과를 정말 남다르게 해서 위기를 기회로 만든 기업이 있다. 바로
전 세계에 수만 개의 매장 숫자를 자랑하는 치킨 브랜드, 켄터키프
라이드치킨KFC이다. 2018년 2월, 영국 전역의 KFC 매장 900여 곳 가
운데 약 560곳이 동시에 휴업하는 초유의 사태가 벌어졌다. 이유는
단 하나. 배송 업체를 교체하는 과정에서 혼란이 생겨 매장에 치킨
이 배달되지 않은 것이다. 치킨이 없는 KFC라니! '빅맥'이 없는 맥
도날드McDonalds, '와퍼'가 없는 버거킹Burgerking 같은 소리 아닌가?

소비자들은 당연히 분노했다. 그들은 KFC 매장 앞에서 사진을
찍은 뒤 "치킨을 팔지 않는 치킨집 인증!" 등의 조롱을 소셜미디어
에 쏟아 냈다. '#KFCCrisis'(#KFC위기)라는 해시태그가 전 세계를 뒤
덮었다. 영국 공영방송 BBC가 "KFC 매장 폐쇄로 치킨 업계에 혼

창업자 커널 샌더스의 얼굴이 그려진 KFC의 치킨 버킷

란이 발생했다."라는 소식을 전했고, 미국 일간지 《워싱턴포스트》는 "'#KFC위기' 탓에 영국인들이 너무 화가 나서 경찰에 신고까지 했다."라며 조롱 섞인 보도를 하기도 했다.

말 그대로 KFC는 엄청난 위기를 맞았다. 그런데 며칠 뒤, KFC는 단 한 장의 신문광고로 사태를 역전시켰다. 그 광고에는 "정말 죄송합니다. 치킨이 없는 치킨집이라니, 참 민망한 일이네요. 매장이 닫혔는데도 멀리서 찾아오신 고객 여러분께 특히 더 깊이 사과드립니다."라는 문구가 실렸다.

여기까지는 별로 특별할 게 없다. '치킨 없는 치킨집'이라는 비판을 솔직히 받아들인 부분이 특이하긴 하지만 그렇다고 매우 남다른 사과는 아니기 때문이다. 그런데 이 광고의 핵심은 바로 문구와 함께 실린 이미지였다. 텅 빈 채 버려진 KFC의 치킨 버킷엔 우리가 잘 아는 백발의 'KFC 할아버지'이자 KFC의 창업자인 커널 샌더스[Colonel]

Sanders의 얼굴이 그려져 있었다. 그런데 버킷에 적힌 로고가 이상했다. KFC가 아니라, 'FCK'였다.

오타인가? 그럴 리 없다. KFC의 알파벳 순서를 바꾼 단어 FCK는 누가 봐도 어느 욕설을 떠올리게 한다. 즉 KFC가 자기 자신에게 욕을 해 버린 것이었다.

이 광고를 본 많은 소비자가 피식 웃고 말았다. 일종의 자학 개그를 한 셈인데, 어딘지 모르게 귀여우면서도 불쌍한 느낌이 들었기 때문이다. 광고 속의 빈 버킷을 보고 있으면 KFC가 전하는 사과의 진심이 와닿는다. 여론도 "이 정도면 인정한다.", "광고에 스스로를 향한 분노가 녹아 있다."라며 반전됐다. 이 광고는 마케팅업계에서 위기를 기회로 바꾼 대표 사례로 꼽히면서 수많은 국제 광고상을 거머쥐었다.

35분 동안 기꺼이 사과만 하겠습니다!

KFC의 광고보다 더욱 유명한 사과 마케팅 사례가 있다. 2023년 세계 최고의 광고로 칭송받은, 캔디 브랜드 스키틀즈Skittles의 '무지개에 사과드립니다Apologize the Rainbow' 캠페인이다.

스키틀즈는 알다시피 형형색색의 캔디다. 스키틀즈는 2013년에 제품을 리뉴얼하면서 기존에는 라임 맛이던 초록색 캔디를 그린 애플 맛으로 교체했다. 그러자 라임 맛을 좋아하는 소비자들이 격렬히 반발했다. 무려 13만 8,880명에 이르는 고객이 트위터(현 X)에서 장장 9년 동안 비난을 퍼부었다고 한다. 결국 스키틀즈는 소비자들의 바람대로 초록색 캔디의 맛을 라임 맛으로 되돌렸다. 그리고 2023년에 라임 맛의 복귀를 기념해 소비자의 마음을 대변하지 못한 잘못을 사과하는 이벤트를 열었다.

이 이벤트는 뻔한 사과가 아니었다. 스키틀즈는 마치 기자회견장 같은 세트를 마련한 다음 인터넷방송 플랫폼인 트위치Twitch에서 방송을 송출했다. 화면에는 '생중계—라임 스키틀즈가 돌아오다.(Live-Lime Skittles Are Back.)'라는 자막이 깔리고, 커뮤니케이션 디렉터가 직접 자리에 앉았다. 그는 "스키틀즈에 불만을 표한 모든 소비자에게 사과드립니다."라며 입을 열었다.

여기까지는 평범했다. 한데 그다음, 디렉터는 트위터에서 스키틀즈를 비판하던 수많은 문구를 읽어 내려가기 시작했다. 예를 들면 "이완배 님, '스키틀즈에서 라임 맛을 뺀 건 진짜 미친 짓이에요.'라고 말씀해 주셨네요. 미안합니다." 하는 식이다. 그는 트위터에 올라온 비난들을 무려 35분 동안 하나하나 읽어 나갔다. 그리고 일일이 "미안합니다.(We are sorry.)"를 붙였다. "미안합니다."만 장장 35분을 반복한 것이다.

이뿐 아니다. 스키틀즈는 13만 8,880여 명의 소비자가 소셜미디어에 올린 비난 게시글에 하나하나 사과하는 댓글을 달았다. 또 이들에게 새로운 스키틀즈를 선물했다. 이 방대한 사과 댓글은 옥외광

초록색 캔디를 사과맛으로 바꾸어 비난받고,
이후 라임맛으로 되돌리며 사과한 스키틀즈

고로도 공개됐는데, 다 읽는 데만 10시간 55분 정도가 걸리는 분량이었다. 이 사과 캠페인은 엄청난 반향을 일으켰다. 해당 캠페인의 트위치 방송 시청 시간은 566만 시간을 넘겼고, 구글에선 '스키틀즈 사과'의 검색량이 열 배 가까이 늘어났다. 스키틀즈의 매출도 20퍼센트 이상 급증했다.

여러분도 기회가 되면 유튜브에 'Apologize the Rainbow'를 검색해서 스키틀즈의 캠페인 영상을 한번 시청해 보길 권한다. 커뮤니케이션 디렉터가 35분 내내 "미안합니다."를 반복할 뿐인데, 괜히 웃긴다. 그리고 영상을 보다 보면 '제대로 사과하려면 이 정도는 해야 하는구나.'라는 생각이 들 테다. 스키틀즈가 정말 진심으로 사과했는지는 몰라도, 그들이 보낸 신호의 강도가 이 정도라면 인정해야 할 듯하다.

진심을 전달하는 일이 이렇게 어렵다. 하지만 스키틀즈는 그 일

을 매우 잘 해냈다. 스키틀즈의 '무지개에게 사과드립니다' 캠페인
은 가장 훌륭한 사과 마케팅 사례 가운데 하나로 오랫동안 기억될
것이다.

Check Point

사과 마케팅

자신의 실책으로 상대가 손해 혹은 불편을 감수하게 되었을 때
실질적인 대처와 함께 특별하면서도 진정성 있는 사과를 제시함
으로써, 결과적으로는 오히려 긍정적인 인상을 심어 주는 전략.

그들은 왜 비누를 뭉텅이로 팔았을까?

진정성 마케팅과 라이코노믹스

마케팅이란 무엇인가?

대학 시절 마케팅 관련 과목을 수강했다. 이 과목을 수강한 이유는 담당 교수님이 매년 중간고사 때 같은 문제를 낸다는 소문이 있어서였다. 10년째 중간고사 문제는 '마케팅이란 무엇인가?'였단다.

그런데 그 과목을 수강하던 해, 조교 선배가 학생들에게 "올해는 교수님이 내는 문제가 좀 다를 거야."라고 고지했다. 이런 젠장! '마케팅이란 무엇인가?'가 나올 것으로 철석같이 믿고 수강한 건데!

하지만 출제 경향이 바뀌었다는데 어쩌겠나? 할 수 없이 '마케팅이란 무엇인가?'를 제쳐 두고 다른 주제를 열심히 공부해서 시험장에 들어갔다. 마침내 과거 10년과 다르다는 새 문제가 공개됐다. 그 문제는 '도대체 마케팅이란 무엇인가?'였다. 어이쿠, 문제가 참 많이도 다릅니다?

웃자고 한 이야기지만, 사실 그 교수님이 11년째 '(도대체) 마케팅이란 무엇인가?'를 줄기차게 문제로 선택한 이유가 있을 것이다. 마케팅이 무엇인지 그만큼 정의하기가 어렵다는 이야기다. 물건을 많이 파는 기술? 고객을 유혹하는 기술? 광고 기법? 마케팅은 실로 다양한 해석이 가능한 말이다.

이 가운데 개인적으로 가장 공감이 가는 해석은 21세기 최고의 마케터로 불리는 미국의 작가이자 기업가 세스 고딘^{Seth W. Godin}이 내린 정의다. 고딘은 "마케팅이란 상대의 변화를 일으키는 행위"라고 규정한다. 기업이 고객에게 물건을 판다는 것은 고객의 마음을 자기 회사 제품으로 돌리는 행위다. 이것이 바로 마케팅이다. 범위를 확장하자면 화가 난 연인의 마음을 돌리는 행위, 내 의견을 받아들이지 않는 상사를 설득하는 행위, 최고급 스마트폰을 갖고 싶은데 안 사 주는 부모님을 설득하는 행위도 모두 마케팅에 해당한다.

그렇다면 다른 사람의 변화를 일으키기 위한 최선의 방법은 무엇일까? 다양한 기술이 있겠으나, 일단 상대로부터 호감을 얻어야 한다. 그리고 나의 진정성을 보여 줘야 한다.

오랫동안 마케팅은 고객을 유혹하는 기술 정도로 치부됐다. 하

지만 '유혹'이라는 단어는 왠지 거짓을 전제로 하는 느낌이 든다. 반면에 마케팅을 "상대의 변화를 일으키는 행위"라고 새롭게 정의하면 '진정성'이라는 진솔한 단어가 새롭게 마케팅의 중심으로 떠오를 수 있다.

호감은 돈이 된다

'호감경제학'이라는 용어가 있다. 영어로는 '라이코노믹스likeonomics'라고 부른다. '좋아하다'라는 뜻인 'like'와 '경제학'을 뜻하는 'economics'를 합친 말이다. 미국의 마케팅 전문가이며 조지타운대학교 경영학과 교수인 로힛 바르가바Rohit Bhargava가 만든 용어다.

바르가바에 따르면, 호감은 경제적 이익을 가져온다. 그는 호감을 불러일으키는 요소로 ① 진실성, ② 관련성, ③ 이타성, ④ 단순성, ⑤ 타이밍 등 다섯 가지를 꼽는다. 이 가운데 눈길을 끄는 대목이 '이타성'이다. 마케팅이란 나의 이익을 챙기기 위한 것인데, 이를 위해서는 남을 먼저 생각하는 태도가 필요하다는 의미다.

서구사회에서는 의료 소송이 매우 일반적이다. 소송 규모도 어마어마해서 병원으로서는 '소송을 당하느냐, 안 당하느냐'가 사활을 건 중요한 과제가 된다. 1990년대 후반 미국 오리건의과대학교에서 '한 번도 소송당하지 않은 의사들'과 '소송당한 의사들'의 특징을 비교한 적이 있다. 그랬더니 소송당한 적 없는 의사들에게서 ① 소송

라이코노믹스 개념을 제시한 마케팅 전문가 로힛 바르가바

당한 의사보다 평균 3분 정도의 시간을 환자들에게 더 할애했고, ② 습관적으로 환자들을 향해 더욱 잘 웃었으며, ③ 적극적으로 환자의 말에 귀 기울였다는 특징을 발견했다.

놀랍지 않은가? 의사가 단지 따뜻하게 웃고, 환자에게 관심을 보이며, 3분 정도만 더 쓰면 어마어마한 소송비용이 절약된다는 이야기다. 영국 런던의 세인트메리병원 정신의학과에서도 이와 유사한 연구를 진행했다. 이번에는 환자들이 어떤 의사한테 소송을 더 잘 거는지를 살펴봤다. 그런데 이 연구의 결과도 비슷했다. 환자들은 냉담하고 재수 없는 의사를 만났을 때 훨씬 적극적으로 소송에 나섰다.

비슷한 연구 결과가 또 있다. 미국 시카고대 산하 벅스바움임상연구소에 따르면 의사가 친절하게 말하고 꼼꼼히 처방전을 쓸 때 드는 시간과 비용보다 그런 행동으로 얻게 될 이익(소송 회피)이 압도적으로 큰 것으로 나타났다. 즉 친절하고 이타적인 행동이 경제적으로 큰 이익을 안겨 준다는 뜻이다.

벅스바움임상연구소 탄생의 뒷이야기

여담이지만 이 연구를 진행한 벅스바움임상연구소라는 곳이 설립된 사연도 흥미롭다. 대학병원 의사들이 불친절한 것은 서양이나 한국이나 다를 바가 없는 모양이다. 오죽하면 2013년 영국에서는 '헬로 마이 네임 이즈Hello My Name Is'라는 캠페인이 벌어졌다. 이 캠페인을 주도한 이는 영국의 의사 케이트 그레인저Kate M. Granger였다.

그레인저가 암 환자가 되어 병원에 방문해 보니 의사들이 그렇게 불친절할 수가 없더란다. 자기도 의사지만 환자 입장에서 의사를 바라보니 전혀 다른 진실이 보인 것이다.

이후 그는 의사들이 환자를 만나면 최소한 "안녕하세요. 제 이름은 아무개입니다."라며 자기소개라도 하자는 취지로 '헬로 마이 네임 이즈' 캠페인으로 시작했다. 그는 소셜미디어에서 해시태그(#hellomynameis)를 붙이며 이 운동을 벌였는데, 그 해시태그가 무려 20억 개 이상 전파됐다. 전 세계 환자들이 의사의 불친절에 얼마나 넌더

2013년 영국에서 시작된 헬로 마이 네임 이즈 캠페인의 로고

리를 내는지, 그리고 그들이 그레인저의 운동에 얼마나 깊이 공감하는지를 드러내는 사건이었다.

아무튼 불친절하기로는 우리나라와 다를 바 별로 없는 미국에서 2011년 나이 여든을 넘긴 한 노인 환자가 시카고대학병원을 찾았다. 이 노인을 담당한 이는 내과의사 마크 시글러Mark Siegler 박사였다. 시글러 박사는 미국 의료윤리계에서 손꼽는 거목으로, 매클레인임상의료윤리센터의 창립멤버이기도 하다. 저명인사인 시글러 박사는 여든을 넘긴 노환자를 정말 정성스럽게 돌봤다. 노인 부부는 한 번도 경험해 보지 못한 의사의 친절에 큰 감동을 받았다.

이 이야기의 반전은 그 환자가 하필이면(!) 미국에서 두 번째로 큰 쇼핑몰 체인인 제너럴그로스프로퍼티즈General Growth Properties, GGP를 소유한 갑부 매슈 벅스바움Matthew Bucksbaum이었다는 데 있다. 얼마 지나지 않아 벅스바움 부부는 시카고대학병원을 찾아 무려 4,200만 달러(약 463억 원)를 기부했다. 그리고 이들은 "시글러 박사 같은 친절

한 의사가 얼마나 사회적으로 큰 이익이 되는지를 증명하는 연구를 계속해 달라. 그리고 젊은 의사들에게도 의사의 친절이 환자를 얼마나 안심시키는지 꼭 교육해 달라."라고 당부했다.

시글러 박사를 찾은 부인 캐럴린 벅스바움Carolyn S. Bucksbaum은 "남편이 갑자기 큰 수술을 받게 됐을 때 시글러 박사는 적절한 수술진을 찾기 위해 진심으로 애썼고, 담당 의사로서 수술실에도 함께 있어 줬다. 그는 환자 개개인에게 눈을 맞추고 공감해 주며, 때론 집으로 전화를 걸어 환자를 챙기는 다정한 의사였다."라고 회고했다. 환자 개개인의 눈을 맞추고, 그들에게 공감하며 진정으로 대한 호감형 의사의 친절이 500억 원에 가까운 기부를 이끌어 낸 것이다.

그래서 진정성 마케팅이 필요하다

최근 10년 사이 마케팅 분야에서 떠오른 중요한 화두는 '진정성'이다. 로힛 바르가바가 호감을 불러일으키는 요소 ①번으로 꼽은 진실성이 바로 여기에 해당한다. 미국의 경영학자 제임스 길모어James H. Gilmore와 B. 조지프 파인 2세B. Joseph Pine II는 진정성 마케팅에 대해 "더 이상 소비자들은 브랜드를 소비하지 않는다. 진정성을 소비한다."라고 강조한다. 온라인이 발전하면서 과장 광고의 시대는 끝났다. 아무리 광고를 그럴싸하게 만들어도 사람들은 댓글과 소비자 반응 등을 통해 그 제품의 진짜 품질을 금세 파악해 낸다.

진정성 마케팅의 또 다른 성공 사례인 키엘(위)과 러쉬(아래)

그래서 길모어는 이야기한다. "소비자는 고품질과 적정한 가격, 즉시 이용할 수 있는 서비스를 넘어 진짜 음식을 먹고, 진짜 이웃을 만나며, 진짜 차를 타고, 진짜 장소에 가서 진짜 경험을 하길 원한다."라고 말이다.

진정성 마케팅으로 성공을 거둔 대표적 사례는 2000년 로레알 L'Oréal에 인수된 미국 화장품 브랜드 '키엘Kiehl's'이다. 키엘은 '우리 제품을 바르면 피부가 열 살은 젊어져요.' 식의 허위 광고가 아니라 '초심'과 '천연 성분'이라는 두 가지 키워드로 승부를 걸었다.

이들은 1851년 미국 뉴욕의 작은 약국에서 출발한 역사를 강조한다. 화려한 용기 대신 수수한 용기에 화장품을 담는다. 수수한 용기가 천연 재료라는 진정성을 표현하기에 더 적절하기 때문이다. 용기에는 화장품을 만드는 데 사용한 천연 재료의 이름과 기능이 빼곡히 적혀 있다. 마치 의약품 설명서를 보는 기분이 들 정도다. 이런 진정성 마케팅 덕에 키엘은 로레알에 인수된 이후 10년 만에 매출이 5배 이상 늘었다.

영국의 화장품 업체 '러쉬Lush'도 진정성 마케팅으로 성공한 기업이다. 이들은 매장을 아예 식료품 상점처럼 꾸몄다. 소비자가 채소 가게에서 싱싱한 채소를 직접 고르듯, 매장에서 화장품을 만져 보고 발라 보고 향기를 맡아 볼 수 있게 한 것이다.

러쉬는 천연 재료를 강조하기 위해 비누 안에 말린 살구, 건포도, 팥 알갱이 등을 그대로 넣었다. 솔직히 비누 안에 말린 살구가 들어 있으면 사용하기 불편할 것 같은데, 사람들은 이 비누에 열광했다. 그 비누에는 '자연 그대로의 무엇'이라는 느낌이 담겼기 때문이다.

비누 판매도 포장단위로 하는 것이 아니라, 커다란 비누 덩어리에서 소비자가 필요한 만큼 잘라서 사도록 했다. 이러면 소비자들은 공산품이 아닌 시골 농장에서 방금 만든 치즈나, 막 도축된 돼지고기를 잘라서 사는 기분이 든다. 이런 마케팅 덕분에 이 회사의 매출도 2002년부터 2011년까지 10배 가까이 성장했다.

"마케팅이란 상대의 변화를 일으키는 행위"라는 세스 고딘의 설명을 믿는다면 진정성은 마케팅의 가장 강력한 무기가 될 수 있다. 소비자의 마음을 얻고 싶은가? 그렇다면 '어떻게 소비자를 잘 속일까?'를 고민하지 말고 '어떻게 하면 소비자에게 진짜 가치를 전할 수 있을까?'를 진심으로 고민해야 한다.

Check Point

진정성 마케팅

그럴싸한 광고로 상대를 속이고 조종하려 하기보다, 진정성 있는 상품과 서비스로 호감을 사고자 하는 마케팅 방향성. '호감경제학'이라는 뜻의 라이코노믹스와도 통하는 개념이다.

진실하지 않다면 광고가 아니다

영양이 높이 뛰는 이유

아프리카에 사는 영양 무리 가운데 유난히 튀는 영양이 한 마리씩 있다. 사자가 나타나면 이 영양은 도망치지 않고 오히려 껑충껑충 제자리 뛰기를 한다. 사자 눈에 띄기 쉽고 체력도 많이 소모될 테니, 살아남는 데는 전혀 도움이 되지 않는 행동처럼 보인다. 그런데 신기하게도 사자는 그런 영양을 그냥 지나친다. 왜 이런 엉뚱한 현상이 벌어질까?

제자리 뛰기를 하는 영양은 무리에서 가장 달리기에 능한 녀석

이다. 이 영양에게 닥친 문제는 자기가 매우 빠르다는 사실을 사자가 모른다는 점이다. 사자에게 그 사실을 알려 줄 수만 있다면 사자는 자신을 쫓지 않겠지만, 안타깝게도 영양은 사자와 의사소통할 능력이 없다. 그래서 도망 대신 제자리 뛰기를 택하는 거다. 껑충껑충 점프하면서 사자에게 '나, 엄청 잽싼 놈이다. 괜히 날 쫓지 말고 다른 놈 잡아라!'라는 메시지를 보내면, 사자는 그걸 알아챈다. '저 녀석은 쫓아 봤자 허탕만 치겠군. 다른 영양을 노려야겠다.'

정보경제학Information Economics이라는 분야가 있다. 정보가 지니는 경제적 의미와 가치를 연구하는 이 학문에서는 우리가 어떤 경제적 선택을 할 때 이따금 이치에 맞는 결론을 내리지 못하는 원인이 정보의 부족 탓이라고 지적한다.

충치가 생긴 환자가 치료받으러 치과에 간 상황을 상상해 보자. 환자는 치아가 아프지만 치과 치료에 관한 지식은 전혀 없다. 반면에 치과의사는 당연히 이 분야의 전문가다. 여기서 서로 알고 있는 정보의 격차가 발생한다. 환자는 최대한 저렴한 가격에 가장 적절한 치료를 받고 싶어도, 충치의 상태를 잘 모르므로 의사의 진단에 의존하게 된다. 그래서 의사가 5만 원으로 끝낼 수 있는 치료를 "여기도 치료하고 저기도 치료하고, 다 하셔야 해요."라며 50만 원을 요구한들 환자는 쉽게 거절할 수 없다. 환자가 보유한 정보의 양이 의사보다 턱없이 적기 때문이다. 이를 정보경제학에서는 '정보 불균형 상태'라고 부른다.

앞서 이야기한 영양과 사자의 상황도 정보 불균형 상태다. 영양은 자기가 얼마나 빠른지 알지만, 사자는 어느 영양이 사냥하기 쉬운지 모른다. 발이 빠른 영양이 생존하려면 '나는 체력도 민첩성도 뛰어난 영양이니, 괜히 쫓아와 봐야 사냥에 실패할 확률이 높아!'라는 신호를 사자에게 전달해야 한다. 그래서 위험을 무릅쓰고 껑충대며 체력을 과시하는 거다.

광고에 노력을 쏟는 이유

회사에서 신입 사원 채용 면접을 진행할 때 역시 이와 유사한 정보 불균형이 발생한다. 기업은 지원자의 역량이 어느 수준인지 잘 모른다. 반면에 스스로가 자신이 얼마나 유능한지 (혹은 무능한지) 잘 안다.

이 정보 불균형 상태를 해소하려면 신호를 주고받아야 하는데, 어떤 신호를 보내고 받느냐가 중요하다. 면접관이 지원자에게 단순히 "당신은 일을 잘합니까?"라고 묻는 건 엉터리다. 면접 자리에서 어떤 지원자가 "아뇨, 저는 무능합니다."라고 말하겠나? 누구나 자신이 일을 잘한다고 대답할 테다. 그러므로 뻔한 신호는 아무짝에도 쓸모가 없다. 앞서 17장에서 뉴욕대학교 스턴경영대학원 교수인 마이클 스펜스의 '시장 신호 이론'을 소개했다. 정보 불균형에 관한 연구로 2001년 노벨 경제학상을 수상한 그는 이렇게 말로 때우는 신호를 '값싼 신호cheap talk'라고 부른다.

시장 신호 이론에 근거하여 정보 불균형을 해소하기 위해서는 어떻게 해야 하는지 기억하는가? 그렇다. '값비싼 신호costly signal'를 주고받아야 한다. 면접관이 해야 할 질문은 얼렁뚱땅 말로 넘어갈 수 있는 "당신은 유능합니까?" 같은 질문이 아니라 "취득한 자격증들을 한번 말씀해 보세요.", "토익스피킹 성적이 얼마나 됩니까?" 등 지원자가 상당히 노력을 기울여야 정보의 진위를 증명할 수 있는 질문이다.

소비자들이 광고를 그리 좋아하지 않는 까닭도 여기서 찾을 수 있다. 광고의 목적이 너무 뻔하기에, 그 내용을 쉽게 신뢰하지 못하는 탓이다. 소비자들은 물건을 구매할 의사가 있어도 막상 그게 진

전 세계 최대 규모 스포츠 행사 중 하나로
천문학적인 광고비가 투입되는 슈퍼볼 경기

짜 좋은지는 모른다. 한편 파는 쪽은 물건의 품질을 정확히 안다. 전형적인 정보 불균형 상태다. 이 상태를 해소하기 위해 소비자들은 광고를 살피지만, 사실 광고는 본질적으론 값싼 신호에 가깝다. 광고에서 "우리 물건은 사실 이런 면에서 좀 부족해요."라고 떠들 리 없기 때문이다. 무조건 자기 제품이 훌륭하다고 자랑할 게 뻔한데, 광고 내용을 누가 쉽게 믿겠나?

물론 광고가 언제나 무시당하기만 하는 것은 아니다. 아주 비싼 돈을 들인 광고는 엄청난 파급력을 갖기도 한다. 매년 2월 초에 어김없이 열리는 미국 미식축구 리그[NFL] 결승전인 '슈퍼볼[Super Bowl]'은 규모가 엄청나게 큰 스포츠 행사다. 전 세계에서 1억 8,000만 명 넘는 사람이 슈퍼볼을 시청하다 보니 여기에 광고를 내기 위해서는 천문학적인 광고비를 지불해야 한다. 중계방송 도중에 넣는 30초짜리 광고의 단가는 2025년 기준으로 무려 800만 달러(약 115억 원)에 달한다.

그럼에도 기업들은 슈퍼볼 광고에 큰돈을 투자한다. 효과가 확실하기 때문이다. 단적인 예로 미국 피자 브랜드인 '리틀시저스Little Caesars'는 2025년 슈퍼볼 중계방송에 광고를 낸 뒤 매출이 250배 가까이 올랐다. 세계 최대 스포츠 행사에 돈을 쏟아부으며 홍보하면 소비자들은 '아, 슈퍼볼에 광고한 브랜드? 그 정도면 믿을 만하지.'라고 생각한다. 광고를 할 땐 이렇게 값비싼 신호를 보내야 효과를 기대할 수 있다.

문제는 모든 기업이 광고에 이토록 큰돈을 쓸 여력이 없다는 사실이다. 많은 기업이 한정된 예산에서 광고효과를 높이기 위해 아이디어를 짜낸다. 그러다가 광고주들은 종종 잘못된 유혹에 빠지곤 한다. 창의적인 마케팅을 위해 부단히 노력하는 대신, 손쉬운 방법으로 소비자들을 속일 생각을 하는 것이다.

광고보다 싸고 효과적인 속임수

소비자가 광고를 믿지 않는 이유는 단순하다. 기업이 자기 제품

을 솔직하게 선전하지 않는다고 생각하기 때문이다. 그런데 만약 기업과 관련이 없는 제삼자가 나서서 제품이 정말 좋다고 추천해 준다면 어떨까?

우리는 뻔하고 못 미더운 광고보다 "이거 써 보니까 정말 괜찮아."라는 친구의 한마디를 믿는다. 친구가 나에게 거짓말할 가능성은 거의 없으므로. 그래서 만약 친구만큼 신뢰하고 사랑하는 인플루언서가 제품의 품질이나 기능이 우수하다고 한마디 해 주면, 정보 불균형 상태를 해소하는 데 실로 큰 도움이 된다. 물론 여기에도 함정이 존재한다. 인플루언서가 제품을 리뷰하면서 "제가 이번에 광고를 하나 받았는데….'라고 말할 땐 정보 불균형이 별로 해소되지 않는다. 돈을 받고 광고하는 제품을 나쁘게 이야기하진 않을 거라는 사실을 아니까.

한편 인플루언서가 유료 광고임을 밝히지 않고 "이거 써 보니까 정말 좋아요!"라고 말한다면, 그가 팬과 구독자에게 거짓말할 리 없다는 확신을 품은 시청자들은 제품의 품질이 좋다는 말도 굳게 믿는다. 이런 식의 '뒷광고'는 홍보 효과가 매우 크다. 그래서 광고주들은 쉽게 유혹에 빠진다. 인플루언서에게 돈을 잔뜩 건네면서 광고가 아닌 것처럼 자기 제품을 선전해 달라고 부탁하는 거다. 떳떳하지 못한 행위지만, 실제로 몰지각한 몇몇 인플루언서가 이에 가담했다. 이러한 사실이 처음으로 조명받으며 소비자들에게 충격을 안겨 주었던 사건이 바로 '유튜버 뒷광고 사태'다.

공정거래위원회가 제시하는 소셜미디어상 광고 표시 가이드라인

마케팅은 속임수가 아니라 설득이다

2020년 발생한 유튜버 뒷광고 사태는 그 당시 국내 콘텐츠 시장에서 광고의 투명성과 신뢰성을 뿌리째 흔든 사건이다. 2020년 7월 말에서 8월 초, 일부 유튜버가 협찬 또는 광고 목적으로 제공받은 제품을 광고임을 밝히지 않고 홍보하는 콘텐츠를 제작했다. 시청자들은 솔직한 제품 리뷰라고 믿었지만, 사실은 돈을 받고 진행한 유료 광고였다.

대표적인 사례로, 그 당시 450만 명이 넘는 구독자를 보유한 유튜버 '문복희'의 유튜브 채널에 업로드된 동영상 214개 가운데 최소

55개가 뒷광고임이 밝혀졌다. 이 밖에도 여러 유튜버가 광고 표기를 제대로 하지 않은 채 리뷰 콘텐츠를 올렸다. 일부 인플루언서는 "이건 절대 협찬이 아니다."라고 장담까지 했다. 그러나 조사 결과, 역시 협찬이나 광고였다.

유료 광고 영상에는 반드시 '광고', '협찬', '유료' 등의 문구를 표시해야 한다. 제대로 밝히지 않으면 표시광고법을 위반할 우려가 있다. 뒷광고에 가담한 유튜버들은 법을 어기면서 광고주와 은밀한 거래를 한 셈이다. 하지만 더 큰 문제는 그들이 단지 법을 어긴 것을 넘어 팬들의 마음을 배반했다는 점이다. 인플루언서를 향한 신뢰를 통해 정보 불균형을 해소하려 한 소비자들은 진실이 밝혀지자 큰 상실감에 빠졌다.

2020년 9월, 공정거래위원회가 '추천·보증 등에 관한 표시·광고 심사 지침' 개정안을 시행하여 인플루언서 등의 광고 표기 의무를 강화하면서 상황은 일단락됐다. 이후 뒷광고는 크게 줄었지만, 이 사태는 팬들의 사랑을 자산 삼아 성장한 1인크리에이터 산업이 그 신뢰를 스스로 무너뜨린 사건으로 평가받는다.

"한 사람을 영원히 속일 수 있고 모든 사람을 한순간 속일 수는 있어도, 모든 사람을 영원히 속일 수는 없다."라는 말이 있다. 정보가 불균형한 시장에서 소비자들이 광고를 잘 믿지 않는 건 당연하다. 이를 돌파하기 위해서는 부단한 노력과 반짝이는 아이디어가 필요하다. 눈앞에 쉬운 길이 보인다고 소비자를 속이려 드는 광고는 잠깐 성공할지 몰라도 영원히 성공할 순 없다. 광고는 진실을 기반으로 만들어야 한다. 마케팅은 고객을 속이는 과정이 아니라 설득하는 과정이므로.

정보 불균형

판매자는 상품에 대해 자세히 파악하고 있는 반면, 소비자가 접할 수 있는 정보는 제한적인 상황 등을 가리키는 경제학 용어. 이 때문에 소비자는 판매자의 광고보다 인플루언서 등 다른 소비자의 후기를 선호한다.

억지스러우면 망한다, 자연스러움으로 승부하라

성공한 PPL과 실패한 PPL

재퍼와의 전쟁

솔직히 이야기해 보자. 여러분 가운데 상당수가 광고를 싫어할 테다. 소비자를 대상으로 벌인 여러 통계조사의 결과가 그렇고, 나 역시 마찬가지다. 출신도 나이도 제각각인 사람들 사이에 어마어마한 정서적 차이가 존재할지라도, 모두 광고를 싫어한다는 점에선 한마음이다.

예전에는 광고업계에서 '재퍼zapper'라는 용어가 꽤 쓰였다. 집마다 보급되기 시작한 TV가 독보적인 대중매체로서 입지를 다지던 시절, 광고만 나오면 채널을 확 돌려 버리는 시청자를 일컫는 말이었다. 본체에 달린 다이얼을 돌려 TV를 조작할 땐 심각성이 그나마 덜했지만, 리모컨이 등장한 뒤로 광고업 종사자들에게 재퍼는 공포의 대상이 됐다. 기껏 열심히 광고를 만들어 선보여도 재퍼들이 광고만 나왔다 하면 리모컨의 채널 변경 버튼을 가차 없이 눌러 버렸기 때문이다.

재퍼의 존재가 현대 스포츠 중계 산업에 영향을 주기도 한다. 과거 아메리카농구리그ABL는 축구처럼 전반전과 후반전으로 나누어 경기를 진행했다. 이 전반전과 후반전 사이 15분 정도의 쉬는 시간에 한 번만 광고를 내보낸다고 생각해 보자. 아무리 옛날이라고 해도 15분이라는 긴 시간 동안 느긋하게 광고를 보면서 후반전을 기다리는 시청자가 몇이나 될까? 리모컨을 손에 쥔 재퍼들은 물론이고, 대다수의 사람들이 쉬는 시간만 되면 채널을 돌리지 않을까?

그런데 1946년 아메리카농구협회BAA(현 NBA의 전신)가 출범하면서 경기를 4쿼터로 쪼개서 진행하는 구조를 채택해 1쿼터와 2쿼터 사이, 3쿼터와 4쿼터 사이에 2분짜리 쉬는 시간을 마련했다. 선수들이 휴식하라고 만든 시간이 아니다. 경기 시간을 48분으로 늘려 흥행 효과를 높이기 위해서였다. 물론 도입 당시 방송 광고를 겨냥한 구조는 아니었지만, 이후 TV 중계 시대에 들어서며 4쿼터 진행은 시청자를 붙잡아 두면서도 경기 중간중간 짤막한 광고를 넣을 수 있는 기반이 되었다. 오죽하면 이 시간을 '미디어 타임아웃media time-

오늘날 다양한 부대 행사가 진행되는 NBA의 미디어 타임아웃

out'이라고 부르겠나.

축구의 경우는 어떨까? 축구는 세계에서 가장 인기 있는 스포츠다. 이와 동시에 광고업자들이 가장 싫어하는 스포츠이기도 하다. 축구는 경기 도중에 광고를 끼울 수가 없다. 농구와 달리 경기 진행을 잠시 멈추는 타임아웃이 없기 때문이다. 축구 중계방송에서 광고가 가능한 타이밍은 전반전과 후반전 사이 쉬는 시간(15분가량)이 유일하다. 하지만 어지간히 득도한(?) 시청자가 아니라면 15분 동안 광고만 보고 있지는 않을 테다. 다른 채널로 돌리거나, 유튜브를 켜거나, 하다못해 설거지하러 TV 앞을 비울 것이다. 그래서 축구 역시 4쿼터 제도로 바꾸자는 이야기가 나온다. 4쿼터 제도를 찬성하는 사

람들은 선수 보호를 위해 충분한 휴식 시간을 제공해야 한다는 등 이유를 제시한다. 그러나 본질은 따로 있다. 광고를 효율적으로 팔고 싶은 게 광고업자의 속내다.

5초 안에 승부를 보라

재퍼가 리모컨으로 광고를 피했다면, 요즘 Z세대는 손가락으로 광고를 넘겨 버린다. '5초 컷 광고' 혹은 '5초 스킵 광고'와 같은 용어를 들어 본 적이 있는가? 시작하고 5초 안에 소비자의 눈길을 사로잡는 광고를 말한다. 물론 과거에도 이런 광고는 있었다. 하지만 유튜브가 거대 규모의 동영상 플랫폼으로 성장하면서 5초 컷 광고는 광고 제작자가 맞닥뜨려야 하는 숙명이 되었다. 유튜브에서 광고를 내보낼 때 '스킵skip'(건너뛰기) 버튼이 나오기까지 단 5초의 시간이 주어지는 탓이다.

물론 시청자가 스킵 버튼을 누르지 않으면 광고를 끝까지 볼 수 있다. 하지만 현실은 만만치 않다. 시청자들은 광고가 시작되자마자 화면에 손가락을 가까이 대고서 '스킵 버튼이 나오기만 하면 잽싸게 눌러 줄 테야!'라는 마음으로 준비 태세를 갖춘다. 리모컨이 손가락으로 바뀌었을 뿐, Z세대의 광고 회피 능력은 과거의 재퍼 결코 뒤지지 않는다.

내 주변에는 유튜브 프리미엄을 구독하는 사람이 꽤 많다. 한 달

에 1만 4,900원을 내면 광고 없이 유튜브의 모든 콘텐츠를 즐길 수 있는 서비스다. 사실 광고가 있어도 5초만 견디면 문제없이 영상을 볼 수 있긴 하다. 조금만 인내하면 1년에 20만 원 가까운 돈을 아낄 수 있는 셈이다. 그런데도 국내 전체 이용자 중 무려 30퍼센트 가까이가 유튜브 프리미엄을 선택한다. 이용자들에게 후기를 물어보니, 한번 이 서비스를 이용하면 구독을 해지하기가 어렵다고 한다. 광고 없이 콘텐츠를 감상하는 경험이 매우 만족스럽다는 거다. 시청자들이 이렇게나 광고를 싫어한다.

PPL의 등장과 딜레마

광고를 싫어하는 소비자들에게도 광고를 보여 주기 위해 마케팅업계가 찾은 돌파구가 바로 PPL^{Product Placement}이다. 광고 시간을 5초로 줄여도 시청자들이 '안 볼 테야. 스킵 버튼만 뜨면 건너뛸 거야.'라며 눈에 불을 켜니, 아예 소개할 상품^{Product}을 본 콘텐츠 안으로 옮겨 버린^{Placement} 방식이다. 시청자들은 콘텐츠 안으로 들어온 광고를 건너뛸 방법이 없다. 드라마, 예능, 영화는 물론 유튜브 콘텐츠에도 PPL이 끼어든 이유다.

문제는 이렇게 한들 광고를 싫어하는 시청자의 성향 자체가 바뀌진 않는다는 데 있다. 무슨 뜻이냐고? PPL을 하면 시청자들이 광고 상품이 들어간 장면을 (혹은 콘텐츠 자체를) 싫어하기 쉽다는 의미

TV 드라마 PPL의 대명사가 된 이온 음료 토레타

다. 이게 바로 PPL의 딜레마다. 광고주는 자기가 광고하려는 상품이 콘텐츠 안에서 돋보이기를 바라지만, 상품이 두드러질수록 시청자들은 짜증을 낸다. 쉬는 시간에 나오는 광고는 안 보면 그만이라 해도 콘텐츠 안에 스며든 광고는 무시할 수가 없으니 더 화가 난다. 시청자들의 불만을 유발하는 PPL을 효과적인 마케팅이라고 볼 수 있을까? 쉽지 않은 문제다.

tvN 드라마 〈알함브라 궁전의 추억〉(2018~2019)에 등장한 이온음료 토레타는 실패한 PPL의 대표 사례다. 보통 PPL은 배우들이 간간이 음료를 마시는 장면을 삽입하는 정도가 적당하다. 한 발짝 나가서 배우가 "아, 이거 맛있네."라는 대사라도 꺼낸다면 이때부터 거부감을 품는 시청자들이 생기게 마련이다. 한데 〈알함브라 궁전의 추억〉에서 토레타는 이 수준을 넘어 아예 '생명수 아이템'으로서 역할을 맡았다.

드라마는 인물들이 증강현실 게임을 하며 목숨을 건 사투를 벌이는 내용을 다루는데, 작중에서 게임 참가자들이 토레타를 마시면 체력이 회복되고 전투력도 높아졌다. 역할 자체도 꽤 황당한 데다, 이 설정 탓에 드라마에서 토레타가 지나치게 자주 등장했다는 비판이 쏟아졌다. 작품의 세계관에 상품을 녹여 내려는 시도는 파격적이었으나, 설정을 등에 업고 시도 때도 없이 광고 제품을 보여 주는 드라마를 과연 시청자들이 너그럽게 이해해 주겠나?

최악의 PPL과 최고의 PPL

2014년 개봉한 영화 〈트랜스포머: 사라진 시대〉도 실패한 PPL로 엄청난 비판을 받았다. 일단 영화에 PPL로 등장하는 브랜드가 자그마치 55개에 달한다. 자동차·식음료·IT·패션·위생용품 등 갖가지 PPL이 들어갔기에 "영화에 나오는 소품 전부가 PPL 아니냐!"라는 비난까지 있었다.

그 가운데 압권은 홍콩 시가지에서 주인공 로봇들이 날아다니며 벌이는 큰 규모의 클라이맥스 전투 신이다. 연출을 맡은 마이클 베이Michael B. Bay 감독은 시원시원한 블록버스터급 액션을 잘 만들기로 유명하다. 이 강점을 살려 이전 〈트랜스포머〉 시리즈도 모두 그가 메가폰을 잡았다. 하이라이트 전투 신에서 베이 감독은 특유의 슬로모션과 줌인 기법을 사용했다. 로봇들을 느리게 움직이면서 화면을 점점 크게 키워 전투의 긴박감을 극대화한 것이다. 그런데 서서히 진행되는 장엄한 장면 정가운데 붉은색 전화박스 모양의 건물이 클로즈업됐고, 그곳엔 중국계 속옷 브랜드의 PPL이 대문짝만하게 박혀 있었다.

슬로모션은 영화의 클라이맥스를 강조하는 장치다. 어쩌면 가장 중요하다고 할 만한 슬로모션 장면의 한복판에 로봇이 아니라 속옷 광고가 등장하니 이게 영화인지 광고인지 헷갈릴 정도로 몰입감이 허물어져 버렸고, 관객들의 시선은 전투가 아니라 브랜드 광고로 분산됐다. 실망한 관객들은 "영화 보다가 쇼핑몰로 순간 이동한 느낌이었다.", "슬로모션이 보여 준 건 로봇이 아니라 자본의 얼굴이다.", "기분 나빠서 로봇이 하나도 안 보였다." 등의 감상을 공유했다. 전문가들도 이 장면을 두고 "가장 부끄러운 PPL 사례 가운데 하나"로 평가했다.

반대로 성공적인 PPL로 꼽히는 사례들을 살펴보면 "그 장면이 PPL이었다고?"라며 시청자들을 깜짝 놀라게 한 경우가 많다. 보는 사람조차 광고인지 모른 채 지나갈 만큼 자연스럽게, 유머러스하게, 설득력 있게 콘텐츠에 녹아들었다는 이야기다.

대표적으로 호평받는 PPL 가운데 하나는 김상진 감독의 코미디 영화 〈주유소 습격 사건〉(1999)에서 등장했다. 주연인 젊은 양아치

1990년대 당시 태극 마크와 유사한 브랜드 로고를
국내 PPL에 활용했던 펩시

캐릭터 '딴따라'(강성진 분)가 자판기에서 펩시 콜라를 뽑자, 그 모습을 본 경찰관들이 면박을 준다. "콜라들 좋아하기는…. 국산품 좀 애용해라, 이 자식아." 그 말을 들은 딴따라는 펩시를 들고 이건 국산이라며 반박한다. 한 경찰관이 "뭐가 국산이야 인마, 그게? 펩시가 국산인지 미제인지도 모르냐 인마?"라고 질타하자 딴따라는 펩시 캔 가운데 로고를 가리키며 대답한다. "태극 마크 안 보여요? 태극 마크?"

〈주유소 습격 사건〉을 관람한 나도 이 장면이 펩시의 PPL이라는 사실을 나중에 알았다. 코미디 영화답게 관객을 웃기려고 삽입한 장면으로 생각했다. 실제로도 엄청 웃겼고! 그런데 영화를 본 뒤 펩시의 로고가 태극 마크와 비슷한지 직접 확인하려는 소비자가 매우 늘었다. 펩시 홍보 담당자가 회사로부터 큰 칭찬을 들었다는 이야기도 업계에 나돌았다. 〈주유소 습격 사건〉의 사례에서 알 수 있듯, 모름지기 PPL이란 보는 사람들이 광고라는 사실조차 인지하지 못하도록 자연스러워야 성공한다.

광고를 싫어하는 소비자와 어떻게든 광고를 노출하려는 공급자 사이의 눈치 싸움은 분명히 존재한다. PPL은 양측의 간극을 줄이기 위한 유용한 수단이다. 단, 전달이 자연스러워야 한다는 전제가 필요하다. 자연스럽지 않은 PPL은 소비자들의 짜증 수치만 높일 뿐이니 말이다.

Check Point

PPL

방송 프로그램이나 영화 등 콘텐츠의 안에 제품을 등장시키는 간접광고로, 출연자가 사용하는 제품의 상표를 드러내는 방식 등이 있다. 콘텐츠의 흐름을 방해하거나 지나치게 인위적인 경우 비난의 대상이 되기도 한다.

구글과 인스타그램이 무료인 이유는?

양면 시장 이론

약탈 가격이란 무엇인가?

오래전, 우리나라 가전제품 제조사를 대표하는 A사와 B사 사이에 있었던 일이다. 그 당시 두 회사는 에어컨과 냉장고 판매에서 접전을 벌이고 있었다. 그런데 냉장고 월간 판매 실적이 B사에 뒤지자 화가 치솟은 A사 대표가 황당한 아이디어를 내놓았다. 우리나라 모든 가정에 A사의 에어컨과 냉장고를 공짜로 나눠 줘서 B사를 아예 망하게 하자는 것이었다.

다행히도(!) 이 아이디어는 현실로 이루어지지 않았다. 왜 다행이냐면, 만약 A사가 진짜로 그렇게 했다가는 법 위반으로 엄청난 과징금을 물어야 했을 터이기 때문이다.

경제학에는 '약탈 가격predatory pricing'이란 개념이 있다. '물건을 원가보다 훨씬 낮은 가격에 파는 마케팅 전략'을 말한다. 그렇게 팔면 손해 아니냐고? 당연히 손해다. 한데 왜 이런 짓을 벌이냐고? 경쟁 업체를 죽이기 위해서다.

원가 1만 원짜리를 5,000원에 팔면 당장은 손해지만, 한쪽에 그렇게 싸게 팔면 경쟁 업체도 결국 '울며 겨자 먹기'로 가격을 내릴 수밖에 없다. 두 업체 모두 큰 손해를 무릅쓰고 장사하게 되는 셈인데, 여기서부터는 '누가 더 오래 버티냐'의 싸움이다. 경쟁 업체가 못 견디고 망하면 약탈 가격 전략은 대성공! 살아남은 업체는 그때부턴 거칠 것이 없으니 원가 1만 원짜리 물건을 2만 원에 팔건, 3만 원에 팔건 자기 마음이다. 경쟁 업체가 사라져서 소비자에겐 선택의 여지가 없으니까.

얼핏 보기에도 이는 공정한 방법이 아니다. 그래서 이런 마케팅 전략은 불법이다. 우리나라 공정거래법에는 '부당염매不當廉賣'를 금지하는 조항이 있다. '염매'란 '싸게 판다'는 뜻으로, '덤핑dumping'이라고도 표현한다. 공정거래법은 경쟁자를 제거하기 위해 원가보다 현저히 싸게 파는 덤핑 행위를 부당염매로 보고 규제한다. 냉장고와 에어컨을 공짜로 풀어(싸게 파는 것도 아니고 아예 공짜라니!) 경쟁사를 망하게 하겠다던 A사 대표의 계획은 당연히 불법이라는 이야기다.

다음 카페는 왜 약탈 가격이 아닌가?

다른 이야기를 하나 해 보자. 2000년대 초반 우리나라에선 '프리챌 Freechal'이라는 포털 사이트가 큰 인기를 끌었다. 누리꾼들이 각종 모임이나 동아리를 만들 수 있는 일종의 온라인 커뮤니티 서비스였다. 이 사이트가 얼마나 인기를 끌었던지 프리챌에 속한 커뮤니티 수가 100만 개, 가입자 수는 1,000만 명에 이를 정도였다. 프리챌은 당시 온라인 커뮤니티 분야에서 압도적인 1위 기업이었다.

한데 이용자들에게 공짜로 서비스를 제공하던 프리챌이 2002년 유료화를 선언했다. 물론 그렇다고 해서 어마어마한 이용료를 부과한 것도 아니다. 커뮤니티 운영자에게만 월 3,000원을 내도록 하는 수준이었다(단순 이용자는 무료).

하지만 이 방책은 대실패로 막을 내렸다. 지금도 마찬가지지만 당시에도 '온라인 커뮤니티 서비스는 공짜'라는 생각이 이용자들 사이에 편재했다. 그런 판에 프리챌이 유료화를 선언했으니 이용자들의 반발은 상상을 초월했다.

게다가 더 큰 문제는 '무료로 온라인 커뮤니티 서비스를 제공하는 경쟁자가 존재한다'는 데 있었다. '다음Daum 카페'가 그 경쟁자였다. 프리챌에 밀려 힘을 못 쓰던 다음 카페는 프리챌의 유료화 선언 이후 비약적으로 성장했다. 다음 카페는 커뮤니티 서비스를 계속 무료로 제공했고, 프리챌 이용자들은 대거 다음 카페로 이동했다. 프

FREECHAL

빠른이동 | 프리챌 서비스 ▼

🔍 검색센터 ∞» 통합검색 ▼ [　　　　　] 검색

마이프리챌 ∞»
아이디 [　　]
비밀번호 [　　]
[일반로그인] [보안로그인]
무료회원가입 | 비밀번호분실
로그인환경설정 | 시작페이지로

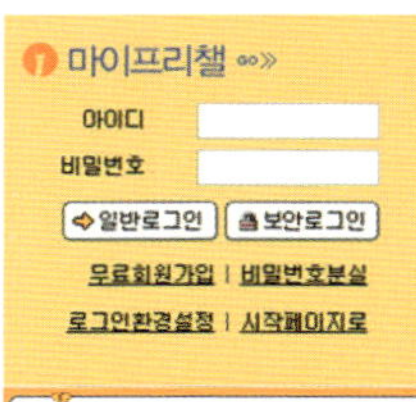

[아바타 아이템 구경가기 go!]

프리팅 NEW ∞»
테마채팅.뮤직채팅.팅! 콘테스트 등
훨씬 더 재미있어진 미팅&채팅

노라조게임 ∞»
심심한데 게임이나 한판 할까?
포커·고스톱·테트리스·거상...

다운타운 ∞»
번개/정모장소, 맛집멋집, 할인쿠폰
웨딩/혼수 상담 - 공짜 결혼 이벤트

컨텐츠 ∞»
즐거움이 가득한 공간, 프리챌 컨텐츠!
운세·만화·영화·성인(19)·최면
여행·취업·일본어·중국어·유학
신용정보·복권·듀오
음악편지·노래방·스타리그

커뮤니케이션 ∞»
메일·쪽지·메신저·단체메시지 ...
더욱 편리하고 다양해지는 커뮤니케이션

커뮤니티 ∞»
만들기·커뮤니티탐방·토크박스·칼럼...
잘 나가는 커뮤니티 찾아서 출발!
대~한민국 최고의 토크왕을 찾습니다!

쇼핑 ∞»
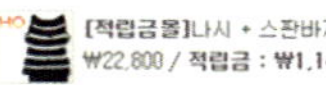
[적립금몰]나시 + 스판바지
₩22,800 / 적립금 : ₩1,140
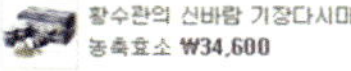
바디 털 제거 BEAUTY TOUCH
₩25,000 → ₩9,900
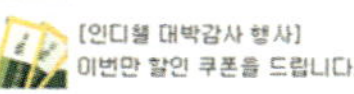
장수관의 신바람 기장다시마
농축효소 ₩34,600
[인디몰 대박감사 행사]
이번만 할인 쿠폰을 드립니다.

• 바이챌 7월 구매고객 감사쿠폰 대잔치!
황제코너 공동구매 해외쇼핑 GIFT쇼핑

무선프리챌 ∞»
난 핸드폰으로 커뮤니티 접속한다!!

금융 ∞»
증권·보험·부동산·신용카드·재테크 정보

🎁 이벤트
• [속보] H양이 올 여름 시원한 이유 전격 공개!
• 헉! 20세 이상 성인 여성만 Click!!
• [초대] 성시경 classic 콘서트 신청하기!
• [강추] 해외 유명 브랜드가 10원!! ^^;
• 8월4일 래프팅을 29,000원에 즐기세요!!
• [Plus회원초대] 겜블러, 인셉니아, 베이비복스

e**BRAND** 루이까또즈 · 백세주막 · OK캐쉬백
청담밝은세상안과 · 예성형외과 · 캐리비안베이

🎁 프리챌 포커스

FREETING
**나만의 닉네임으로 더 재미
있어진 즐거운 친구 만들기**
- 나만의 이상형 검색, 프로포즈
- 나도 한번 떠보자! 팅스타 클럽

기획/특집 ...more
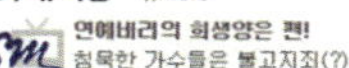
연예비러의 희생양은 펜!
침묵한 가수들은 불고지죄(?)

오늘의 뉴스 ..more
• 히딩크감독, 한국선수 3명 영입 예정
• 8월 첫 주말, 비 온 뒤 무더위…안개조심
• "프로축구 2부리그 창설 시급" 설문조사
• [프로야구] 두산 전상열 "톱타자 성공 예감"

공지사항 ...more
• [발표] 2002년 8월의 인증 커뮤니티
• [안내] 토크박스 게시판 이름 변경
• [안내] 016, 018 핸드폰 소액 결제 서비…
• [안내] 플러스 VIP 회원님께 마이폴더 10…

회사소개 | 프리챌 보도기사 | 광고문의 | 채용정보 | 개인정보보호정책 | 이용약관 | 사이트맵 | 도우미
(C)2000-2002 FREECHAL INC, ALL RIGHTS RESERVED

**2002년 서비스 유료화를 선언하기 전까지 국내 최대 온라인
커뮤니티였던 프리챌**

리챌의 커뮤니티 서비스는 완전히 몰락했다.

이쯤에서 궁금한 점이 생긴다. 앞서 우리는 냉장고와 에어컨을
공짜로 풀어 경쟁사를 망하게 하려 했던 A사 대표의 마케팅 아이디

어가 부당염매에 해당하는 불법이란 사실을 확인했다. 그렇다면 다음 카페가 온라인 커뮤니티 서비스를 무료로 제공하는 것은 왜 불법이 아닐까?

온라인 커뮤니티 서비스를 제공하는 데는 당연히 돈이 든다. 서버 유지 비용도 내야 하고 시스템 운영자 월급도 줘야 한다. 하지만 다음 카페는 적자를 감수하면서까지 프리챌에 맞서 커뮤니티 서비스를 무료로 운영했고, 결과적으로 프리챌이 망했다. 그렇다면 다음 카페가 제공한 무료 서비스 역시 '약탈 가격에 의한 부당염매' 아닌가? 다음 카페는 되고, A사 대표는 안 되는 까닭은 무엇 때문일까?

우리는 사실 단순한 고객이 아니다

이 문제를 연구해 노벨 경제학상을 수상한 학자가 있다. '양면 시장 two-sided market'에 관한 연구로 2014년 노벨상을 거머쥔 프랑스의 경제학자 장 티롤Jean Tirole이 그 주인공이다.

티롤이 연구한 양면 시장을 이해하려면, 먼저 기업과 고객의 관계에 대한 고정관념을 깨야 한다. 우리는 은연중에 '기업은 돈을 받고 물건을 팔며, 고객은 돈을 내고 물건을 산다'는 생각에 사로잡혀 있다. 물론 이 생각이 틀렸다는 말은 아니다. 대부분 기업은 그 방식을 사업 모델로 삼는다. 티롤은 이런 전통적 사업 모델을 '단면 시장 one-sided market'이라고 불렀다. 문제는 세상이 발전하면서 전통적 모델과는 전혀 다른, 새로운 사업 모델이 등장했다는 점에 있다. 이해를 돕기 위해 티롤이 논문에서 직접 든 사례를 살펴보자.

서양 사회에는 데이팅 클럽dating club이란 게 있는 모양이다. 우리나라의 클럽처럼 마음에 맞는 사람끼리 짝지어 놀 수 있는 장소인 듯하다. 그런데 적잖은 데이팅 클럽이 여성에겐 입장료를 받지 않는다. 반면에 남성에게는 꽤 비싼 입장료를 받는다. 아니, 여성은 고객이 아닌가? 같은 고객인데 왜 성별을 가려서 '여성은 공짜, 남성은 비싼 입장료'라는 차별을 두는 걸까?

단면 시장의 고정관념으로는 도저히 이해가 가지 않지만, 그 틀에서 벗어나면 데이팅 클럽의 전략이 납득된다. 여성 고객이 많아야 남성 고객이 데이팅 클럽에 더 많이 방문할 것이기 때문이다. 돈은 남성 고객들에게만 받아도 충분히 벌 수 있다. 남성은 마음에 드는 여성을 만나기 위해 기꺼이 큰돈을 쓸 용의가 있다.

데이팅 클럽의 입장에서 남성과 여성은 똑같은 고객이 아니다. 남성은 전통적인 고객, 즉 돈을 쓰는 고객이지만 여성은 돈 쓰는 고객을 붙잡아 둘 전략적 '무기'에 가깝다. 데이팅 클럽은 더 많은 무기를 확보해야 더 많은 돈을 벌 기회를 잡는다. 이런 상황에서 여성에게 입장료를 받는다? 여성들이 다른 데이팅 클럽으로 떠나면 어쩌려고? 그렇게 되면, 큰돈을 쓸 용의가 있는 남성 고객마저 잃는다. 이럴 때는 돈을 받는 게 아니라 사은품을 쥐여 주고서라도 여성 고객을 붙잡아야 한다.

양면 시장에 관한 연구로 노벨 경제학상을 수상한 장 티롤

티롤이 제시한 이론의 이름이 '양면' 시장인 이유가 여기에 있다. 전통적 시장과 달리 양면 시장에서 고객은 두 부류(양면)로 나뉜다. 하나는 돈을 내는 진짜 고객이고, 다른 하나는 그 돈을 내는 고객을 붙잡아 둘 전략적 무기 역할을 하는 고객이다.

구글이나 인스타그램 같은 인터넷 플랫폼 사업자가 대부분 서비스를 무료로 제공하는 까닭은 이 때문이다. 양면 시장에서 일반 이용자는 돈을 내는 진짜 고객이 아니라, 돈 내는 고객을 붙잡아 둘 전략적 무기다. 즉 일반 이용자들이 구글과 인스타그램을 공짜로 열심히 쓰면, 두 회사는 이용자 통계를 바탕으로 광고주에게 광고비를 받는다. 티롤이 논문에서 언급한 데이팅 클럽과 비교하면, 일반 이용자는 데이팅 클럽에 공짜로 입장하는 여성이고 광고주는 입장료를 내고서라도 들어가 여성을 만나려는 남성과 같다.

티롤은 이 연구를 통해 '단면 시장과 달리 양면 시장에는 약탈 가격 금지 조항이나 독과점 방지 정책을 함부로 적용해서는 안 된다'고 주장했다. 단면 시장에서야 A사 대표의 아이디어처럼 냉장고와 에어컨을 공짜로 풀면 당연히 불법이지만, 양면 시장에선 이야기가 전혀 다르다는 의미다. 전략적 무기가 되는 고객에게 공짜로 서비스를 제공하는 것은 경쟁 기업을 죽이기 위한 술책이 아니라, 스스로 살아남기 위한 양면 시장 특유의 사업 모델이기 때문이다.

그런 이유로 양면 시장에서 사업하는 기업들은 약탈 가격에 관한 규제를 상대적으로 훨씬 덜 받는다. 온라인 커뮤니티 서비스를 무료로 제공하는 다음 카페에 정부가 '공짜로 서비스를 공급해서 프리챗을 죽여? 약탈 가격을 저질렀으니 처벌을 내리겠다!'라며 제재를 가하진 않는다는 이야기다.

양면 시장과 단면 시장, 따로 또 같이

최근 양면 시장과 단면 시장 사이에서 절묘한 균형을 찾은 기업이 있다. 바로 유튜브다. 초창기 유튜브는 전형적인 양면 시장 사업자였다. 콘텐츠를 만드는 유튜버나 소비하는 시청자에게 유튜브는 모든 서비스를 무료로 제공했다. 무료 서비스를 통해 전 세계의 수많

은 재능 있는 유튜버를 모았다. 유튜브는 유튜버들이 만든 콘텐츠에 광고를 붙여 광고 수익으로 거액을 벌어들였다.

그러던 유튜브가 2018년부터 '유튜브 프리미엄'이라는 이름으로 시청자에게 직접 돈을 받기 시작했다. 시청자를 더는 '광고주를 끌어모을 전략적 무기'로만 여기지 않고 '직접 돈을 내는 고객'으로 생각했다는 것이다.

사실 이 사업 모델은 매우 위험한 모험이었다. 과거 프리챌이 망한 사례로 알 수 있듯, 양면 시장 모델을 단면 시장 모델로 바꾸는 것은 매우 어려운 일이기 때문이다. 특히 '유튜브 시청은 공짜!'라는 생각이 머리에 박힌 시청자들에게 돈을 받아 내기란 말처럼 쉽지 않았다.

하지만 유튜브는 기존의 양면 시장 모델을 유지하면서(돈을 안 내도 유튜브 콘텐츠를 볼 수 있음) 단면 시장 모델을 추가하는(돈을 내는 고객에겐 다양한 혜택을 줌) 방식으로 이 문제를 해결했다. "양면 시장 고객은 기존처럼 즐기시고, 그게 싫은 분들은 단면 시장으로 오셔서 돈을 내고 더 자유롭게 콘텐츠를 즐기시죠."라며 고객에게 선택권을 준 것이다.

　유튜브의 사업 모델이 성공을 거두면서 기존 양면 시장 사업자들도 하나둘씩 유료화 시장에 뛰어들 모양새다. 이들은 과연 유튜브처럼 양면 시장과 단면 시장의 조화를 성공적으로 이뤄 낼 수 있을까? 조화를 잘 이뤄 낸 기업은 유튜브처럼 성공할 것이고, 그렇지 못한 기업은 프리챌처럼 큰 실패를 맞을 테다. 양면 시장 사업자들에게 바야흐로 격변의 시대가 다가오는 셈이다.

Check Point

양면 시장

기업이 서로 다른 두 고객 집단을 대상으로 각기 다른 정책과 서비스를 제공하는 시장. 온라인 플랫폼이 광고주에게 광고비를 받으면서, 일반 이용자들에게 무료로 서비스를 제공하는 것이 대표적인 예다.

인종과 외모, 생명을 차별하다

20세기 최악의 광고들

구글에 드러난 사람들의 속마음

'차별'이라는 단어는 사회에 묘한 파문을 일으킨다. 누구나 인간으로 태어났다면 인간답게 살아야 하며, 어떤 이유로든 차별받지 않아야 마땅하다. 이는 인류의 보편적 가치이기도 하다. 그런데 정말 인류는 서로를 평등하게 대우할까? 차별하지 말자는 합의가 두루 인정받는 사실과 별개로, 사람들은 여전히 갖가지 이유를 들며 자기와 다른 사람을 부당하게 대하곤 한다. '인류는 인류를 차별하지 않는다.'란 명제는 안타깝게도 사실이 아니다. 심지어 "나는 어떤 차별도 반대해."라고 주장하는 이들조차 마음 깊은 곳엔 누군가를 향한 편견을 품는다.

미국의 경제학자 세스 스티븐스 다비도위츠^{Seth I. Stephens-Davidowitz}는 저서 『모두 거짓말을 한다』(2017)로 이름을 알린 세계적인 통계 전문가다. 그는 사람의 마음 깊은 곳을 살피기 위해 인터넷 검색엔진 구글의 검색어를 분석했다. 사람은 공개된 장소에선 음침한 진실을 말하지 않는 법이다. 누구도 바깥에서 "나는 성차별주의자야."라고 떠들지 않듯이. 하지만 검색창을 보면 속내를 알 수 있다. 내가 무엇을 검색하는지 남들이 모르므로, 알고 싶은 단어를 솔직하게 검색하기 때문이다. 따라서 수억 개의 구글 검색어를 분석하면 사람들의 속마음이 드러나리라고 다비도위츠는 확신했다. 그는 구글처럼 익명성이 보장된 웹사이트를 '디지털 자백약^{digital truth serum}'이라고 부른다. 거짓말을 못 하는 약이라도 먹은 듯이, 사람들은 그곳에서 숨겨 온 본심을 드러낸다.

다비도위츠의 안내를 따라 진실을 추적해 보자. 딸을 키우는 부모들은 "내 자식이 딸인데 우리가 어떻게 여성을 차별한단 말인가?"라며 목소리를 높인다. 하지만 구글 검색어를 조사해 보니 '내 딸에게 재능이 있나요?'보다 '내 아들에게 재능이 있나요?'라고 질문한 횟수가 2.5배나 많았다. 부모가 딸보다 아들의 재능에 더 관심을 보인다는 거다.

그렇다면 부모들은 딸의 어떤 점을 더 중요시할까? 정답은 바로 외모다. '내 딸이 과체중인가요?'라는 질문이 '내 아들이 과체중인가요?'보다 약 2배 더 검색되었고, 아들보다 딸의 체중을 줄이는 방법에 관한 검색량이 갑절이 많았다. '내 딸이 예쁜가?'는 '내 아들이 잘생겼나?'보다 1.5배, '내 딸이 못생겼나?'가 '내 아들이 못생겼나?'보다 거의 3배 더 검색되었다. 이렇듯 아들과 딸을 바라보는 부모의 시선에서도 명백한 고정관념이 드러나는데, 하물며 남남인 타인에게는 어떠할까.

내심 차별하고 싶은 사람들

2015년에 미국의 제44대 대통령이던 버락 오바마가 이슬람교도를 차별하지 말아야 한다는 감동적인 연설을 한 적 있다. 주요 언론 매체가 극찬한 연설이었다. 그런데 오바마가 단상에서 평등을 외치는 동안 구글에서는 '사악한 이슬람', '폭력적인 이슬람', '테러리스트 이슬람' 같은 키워드의 검색량이 평소보다 갑절씩 늘어났다. 이슬람교도를 죽이자는 내용은 3배나 더 검색되었다.

미국의 위대한 인권 지도자이자 목사인 마틴 루서 킹 주니어 Martin Luther King Jr.는 미국인들이 가장 존경하는 인물 가운데 한 사람이다. 킹 목사의 생일이 공휴일로 지정됐을 정도다. 그런데 '디지털 자백'을 받아 보면, 킹 목사의 생일날에 '흑인 농담'의 검색량이 30퍼센트나 더 증가했다고 한다. 겉으로 인권을 중시하며 모두를 동등하게 대우한다는 사람들조차 은근히 자신과 다른 누군가를 차별한다는 뜻이다.

사정이 이렇다 보니, 인종이나 성별 등을 이유로 차별을 일삼는 사업가도 꽤 있다. 이런 사람들은 끼리끼리 모이게 마련이라, 자신들의 생각이 보편적이라고 여긴다. 그들이 세스 스티븐스 다비도위츠의 연구 결과를 본다면 "봐라, 나처럼 흑인을 싫어하는 사람이 사실 꽤 많잖아?"라며 반색할지도 모른다.

하지만 그건 속으로 생각하고 말 일이다(원래는 속으로도 생각하면 안 된다). 겉으로 드러내는 순간, 더구나 마케팅의 수단으로 삼는 순간 크게 낭패를 볼 테다. 사람들은 이미 '차별은 나쁜 행위다.'라는 명제를 보편적 가치로 받아들였기 때문이다. 물론 디지털 자백약이 있는 인터넷에선 그렇게 생각하지 않는 사람도 일부 나오겠지만, 그들조차 바깥세상에서 자랑스럽게 본심을 고백하지는 못한다.

20세기 최악의 광고들

저명한 광고 전문가 찰스 사치가 선정한 '20세기 최악의 광고'
(《가디언》, 2015년 11월 18일 자)

평등이라는 보편적 가치를 지지하는 소비자가 많은 사회에서, 관심을 반짝 끌기 위해 마케팅에 차별을 활용하는 일은 절대 바람직하지 않다. 이라크 출신 기업인 찰스 사치 Charles Saatchi가 선정한 '20세기 최악의 광고'들이 그 사례로 살펴볼 만하다. 영국 광고계의 거물로 불리는 그가 선정한 이 광고들은 대부분 사람을 차별하는 내용을 담았다.

대표적인 예가 1952년에 미국 의류 브랜드인 필립스반휴슨 Phillips-Van Heusen, PVH이 만든 광고다. 셔츠를 입은 백인 네 명과 아프리카 전통 복식 차림인 흑인 한 명이 그려진 포스터엔 "다섯 가운데 넷이 새로운 반휴슨의 옥스퍼드셔츠를 원한다.(4 out of 5 men want Oxfords… in these new Van Heusen styles.)"라는 문구가 실렸다. 실로 저열하고 무례한 인종차별이다.

1930년대, 미국 페인트 회사인 엘리엇페인트 Elliott's Paint의 포스터는 더 처참하다. 흑인의 몸에 하얀색 페인트를 칠하는 모습을 그린 삽화에다 "검은색 위에도 얼마나 잘 칠해지는지 보세요.(See how it covers over black.)"라고 적었다. 더 황당한 것은 페인트를 칠하는 캐릭터도 흑인이라는 점이다. 흑인이 백인이 되고 싶어서 흰 페인트를 칠한다는 콘셉트라니, 정말 해서는 안 될 차별 행위를 마케팅이랍시고 해 버렸다.

또 미국 청바지 브랜드 브룸스틱스 Broomsticks는 다섯 명의 남자가 수영복을 입은 여성을 둘러싸고 춤추는 모습을 담은 포스터를

1967년에 공개했다. 광고 문구는 "로지, 캐럴, 엘리너, 누구든 둘러싸서 즐기자. 단, 바지는 반드시 브룸스틱스를 입어야지!(Ring around Rosie. Or Carol. Or Eleanor, etc. Fun. But you can only play if you wear Broomsticks slacks.)"였다. 여성을 성적으로 대상화한 광고를 보며 정말 소비자가 즐거움을 느끼리라 생각한 걸까? 사치는 "집단 성폭행을 연상한다."라며 강한 비판을 남겼다.

1972년에 일본 가전회사 파나소닉 Panasonic은 머리카락이 한 올도 없는 모델을 써서 헤어드라이어 광고 포스터를 제작했다. 머리카락이 없으니 헤어드라이어가 왜 필요할까 싶은데, 파나소닉은 이런 문구를 앞세웠다. "만약 당신이 헤어드라이어가 필요 없더라도, 가지고 있으면 재미있어요.(Even if you can't use it, it's fun to have.)" 재미있다고? 나는 하나도 재미있지 않았다. 탈모로 고민하는 사람들이 이 광고를 보고 어떤 심정일지 생각해 보라. 또 수많은 암환자가 항암 치료를 받으면서 머리카락을 잃기도 한다. 이건 명백히 탈모인들을 조롱하는 행위이자, 생명을 향한 무례한 '차별 마케팅'이다.

인간이 차별받지 않을 권리를 지녔다는 것은 사회의 불문율이다. 그런데도 차별을 마케팅 전략으로 삼는 일은 비도덕적이며, 효율적이지도 않다. 사람을 깔보는 광고 속 제품을 누가 떳떳하게 사용하겠나? 차별 마케팅이 최악의 마케팅인 이유다.

차별을 향한 담대한 도전

집단 괴롭힘을 주제로 하여 화제가 되었던,
나이키 재팬의 2020년 캠페인 광고 영상

한편 인간의 마음속에 차별적 태도가 잔존할지라도, 차별을 반대하는 마케팅을 통해 꾸준히 메시지를 던지는 기업들이 있다. 미국의 스포츠 용품 제조 기업 나이키[Nike]는 2020년 11월 28일 "미래는 기다려 주지 않아.(The Future Is Not Waiting.)"라는 슬로건을 내세운 캠페인 동영상을 공개했다. 이 광고는 나흘 만에 각종 소셜 미디어와 동영상 플랫폼에서 총 2,300만 회가 넘는 조회 수를 기록하며 일본에서 엄청난 논란을 불러일으켰다.

주인공은 속칭 '이지메[いじめ]'(집단 괴롭힘)를 당하는 세 명의 여학생. 각각 다문화가정 출신 흑인 혼혈, 재일 한국인, 일상적으로 따돌림을 겪는 일본인이다. 2분 남짓의 동영상은 세 소녀가 일본 사회에서 얼마나 고통받는지 잘 드러냈다. 특히 재일 한국인 소녀가 스마트폰을 켜서 '일본에서 재일 한국인의 상황'을 슬픈 눈으로 검색할 때, 한복을 입고 거리에서 일본인들의 따가운 눈총을

받을 때, 나는 그의 처지에 공감하며 눈물을 글썽였다. 이게 재일 한국인이 일본에서 받는 차별의 현실 아닌가?

그런데 동영상을 만든 주체가 뜻밖이다. 한국 지사인 나이키 코리아Nike Korea가 아니라, 바로 나이키 재팬Nike Japan이다. 일본 지사인 나이키 재팬이 일본에서, 일본인을 향해, 일본 사회가 저지르는 인종차별을 적나라하게 보여 준 것이다. 일본 커뮤니티에서는 난리가 났다. "우리가 인종차별을 그렇게 심하게 했느냐?", "왜 일본의 문제를 미국 회사가 다루냐?", "실제보다 너무 과장됐다." 라는 등의 반발이 빗발쳤다.

나이키가 이런 반응을 예상하지 못했을까? 천만의 말씀, 나이키는 세계에서 마케팅을 가장 잘하는 회사 가운데 하나다. 나이키는 2018년에 대표 슬로건인 "일단 해 봐.(Just Do It.)"의 30주년을 맞아, 인종차별 반대 퍼포먼스를 행한 미국 풋볼 선수 콜린 캐퍼닉Colin R. Kaepernick을 모델로 광고를 선보였다. 이에 미국 사회는 나이키를 옹호하는 사람들과 불매하려는 사람들로 갈라져 격렬하게 다퉜지만, 며칠 뒤 상품의 온라인매출이 전년도 같은 시기보다 31퍼센트나 증가했다. 그리고 2020년 5월 백인 경찰관이 흑인 시민을 과잉 진압해 죽인 일명 '조지 플로이드 사망사건'이 발생하자, 나이키는 불평등을 비판하며 "이번만은, 하지 마.(For Once, Don't Do It.)" 캠페인 영상을 공개해 또 한 번 화제에 올랐다. 이런 나이키가 일본에서의 반발을 예상 못 했을 리 없다.

　나이키는 미국에서의 경험으로 깨달았다. 차별을 반대하는 정의로운 목소리는 비록 잠시 반발에 부딪히더라도, 장기적으로 반드시 소비자들이 호응해 주리라는 사실을. 미국 언론사 CNN이 2020년 6월에 벌인 여론조사에서는 "인종차별에 반대한다."라고 답한 사람이 84퍼센트에 달했다. 일부 차별주의자와 선을 긋고, 다수의 상식적인 소비자와 함께하는 마케팅이야말로 분명한 이익으로 이어질 수 있음을 나이키는 알았던 거다. 상품의 판매량을 높임과 동시에 사회에 선한 영향을 전한 나이키의 사례는, 마케팅이 목표해야 할 하나의 방향성을 제시한다.

도판 출처

17쪽	연합뉴스
20쪽	Shtterstock / Mirko Kuzmanovic
23쪽	Shtterstock / Ju Jae-young
27쪽	Wikimedia Commons / Forsaken Fotos
33쪽	Library of Congress / Gotfryd, Bernard
37쪽	연합뉴스
40쪽	Shtterstock / Ki young
46쪽	연합뉴스
51쪽	Shtterstock / olivier borgognon
52쪽	Wikimedia Commons / Smithsonian Institution
58쪽	(왼쪽) Wikimedia Commons / Artistosteles
	(오른쪽) Internet Archive / Biblioteca de la Universidad de Sevilla
61쪽	Shtterstock / speedshutter Photography
63쪽	Shtterstock / EgolenaHK
68쪽	Wikimedia Commons / Mayimbú
70쪽	연합뉴스
73쪽	연합뉴스
81쪽	Library of Congress / Bain News Service
101쪽	California Coastal Records Project
103쪽	Wikimedia Commons / DatBot
106쪽	Wikimedia Commons / Fma12
111쪽	Wikimedia Commons / nrkbeta
115쪽	Shtterstock / Alexander Fedosov
122쪽	Shtterstock / MEDIAMAD
126쪽	Wikimedia Commons / Arroser
131쪽	Shtterstock / Sport car hub
133쪽	Wikimedia Commons / US Embassy Sweden
137쪽	Shtterstock / Sorbis
145쪽	Wikimedia Commons / Viktorbuehler

북트리거 일반 도서

북트리거 청소년 도서

인스타그램은 왜 공짜일까?

마음을 사로잡고 경제를 움직이는 마케팅의 비밀

1판 1쇄 발행일 2026년 2월 25일

지은이 이완배
펴낸이 권준구 | 펴낸곳 (주)지학사
편집장 김지영 | 편집 공승현 명준성 원동민
책임편집 명준성 | 디자인 정은경디자인
마케팅 송성만 손정빈 윤술옥 이채영 | 제작 김현정 이진형 강석준 오지형
등록 2017년 2월 9일(제2017-000034호) | 주소 서울시 마포구 신촌로6길 5
전화 02.330.5265 | 팩스 02.3141.4488 | 이메일 booktrigger@naver.com
홈페이지 www.jihak.co.kr/book-trigger | 블로그 blog.naver.com/booktrigger
페이스북 www.facebook.com/booktrigger | 인스타그램 @booktrigger

ISBN 979-11-93378-77-9 43320

북트리거

트리거(trigger)는 '방아쇠, 계기, 유인, 자극'을 뜻합니다.
북트리거는 나와 사물, 이웃과 세상을 바라보는 시선에 신선한 자극을 주는 책을 펴냅니다.